JN078125

裁判事例からみる
システム監査の
実務ポイント

五井 孝 著

同文舘出版

はじめに

　システム監査の目的は，システムリスクを低減したり，顕在化した場合の影響を最小限にしたりするためのコントロールの整備・運用・見直しの状況を点検・評価し，改善を促すことを通じて，システムの安全性（可用性，機密性，完全性），信頼性や準拠性，効率性，そして，有効性を確保することにある。しかし，世の中にまったく同じ組織がないようにシステムもそれぞれ異なり，システムリスクもさまざまである。そこで本書では，システムリスクが顕在化した具体的な事例としてIT関連訴訟事件の裁判事例を取り上げ，システムの開発や運用の業務を委託する側（以下，「ユーザ」という）と受託する側（以下，「ベンダ」という）のそれぞれの主張と裁判所の判断を検討し，類似のシステムリスクに対するコントロールを確かめるための監査のポイントを解説する。

　本書の特徴は，裁判所の判断だけではなく，ユーザやベンダなど当事者の主張，立証にも注目していることが挙げられる。IT関連訴訟事件の裁判に関する他の解説書では，判決文中の結論部分となる裁判所の判断を中心に解説していることが多い。確かに訴訟事件から考えるには判決文中の結論部分は重要である。しかし，"監査"という目線から訴訟事件をみると，裁判所の判断と同等か，それ以上に参考になるのが争点（原告・被告間で争う点），つまり，当事者間の認識に離齬があることである。相手方は何を主張しているのか，なぜ主張しているのか，どうすればその主張を退けて納得させることができるのか。システム監査を実施する内部監査部門は，ユーザ側あるいはベンダ側のどちらかの立場になるので，これらの主張を検討することが監査のポイントにつながっていく。

　本書は7章構成になっている。まず第1章では，具体的な裁判事例をみる前に，判決文を読む上での基本的な知識，着目する点などについて解説する。続く第2章から第6章で，具体的な裁判事例を取り上げて，監査のポイントを検討し，解説している。第2章では，契約交渉・準備段階として，契約成立の有無や契約締結上の過失が争われた裁判事例を題材に解説する。第3章は，パッケージをベースにしたシステム開発が失敗した裁判事例を題材に要

件定義段階における監査のポイントについて，第4章では，システム開発プロジェクトが破綻した裁判事例からベンダのプロジェクトマネジメント義務とユーザの協力義務を中心に，システム開発プロジェクトにおける監査のポイントを解説する。第5章は，システム運用段階における作業ミス，ハードウェア障害，プログラムバグからシステムトラブルになった裁判事例を題材に解説する。また，第6章では，サイバー攻撃，個人情報漏えいなどの情報セキュリティに関わる裁判事例を題材に監査のポイントを解説する。最後の第7章は，AIシステムとRPAロボットに関わる架空の裁判事例を設定し，新たなICTにおける監査のポイントを解説する。各章の随所には，関連するキーワードの解説をコラムとして挙げている。なお，本書は裁判事例の争点に焦点を当てているので，システム監査の全領域をカバーしているわけではないことに留意してほしい。

システム監査人は，監査対象であるシステムがあるべき姿になるようにユーザやベンダがどのように対応しているのか，言い換えれば，どのようなシステムリスクを想定して，どのようなコントロールをしているのか，そのコントロールは適切かなどを確かめる必要がある。訴訟事件の争点はコントロールすべきポイントになる。このようなことを踏まえて，書籍名を『裁判事例からみる　システム監査の実務ポイント』とした。

本書の読者としては，ユーザ，ベンダそれぞれの立場からシステム監査を実施する内部監査部門の方を想定しているが，ユーザ部門の方，システムの開発・運用部門の方，営業部門の方，あるいは，経営企画部門や法務部門の方などにも，無用な争いを回避するためのヒントとして十分参考になると思う。

最後に，本書の執筆に当たっては，拙書『リスク視点からの「実効性のある」内部監査の進め方（第2版)』に引き続き，同文舘出版の青柳裕之氏，有村知記氏から出版の機会をいただき，丁寧な助言と支援をいただいた。この場をお借りして，深くお礼を申し上げたい。本書が，IT関連訴訟に至るような事案を少しでも回避するために役立てれば幸いである。

2022年4月

五井　孝

目　次

第4章　システム開発プロジェクトにおける監査のポイント

第7章　新たなICTにおける監査のポイント

　　　　　　　　　　　　　コラム一覧

裁判事例からみる
システム監査の実務ポイント

判例の表示

　（例）東京地判平成17・3・28：東京地方裁判所平成17年3月28日判決

法律雑誌略語

　　判時：判例時報（判例時報社）

　　判タ：判例タイムズ（判例タイムズ社）

　　金商：金融・商事判例（経済法令研究会）

　※本文中で引用している判決文の記載は，原告，被告等の表記を［ユーザ］，［ベンダ］
　　等に置き換えるとともに，下線，改行の調整，省略など，読みやすいように適宜，編
　　集している。

第 1 章

IT関連訴訟事件とシステム監査

　　IT関連訴訟事件は，システムリスクが顕在化した具体的な事案である。その判決文には，システムリスクが顕在化した原因となる事実が原告あるいは被告の主張として現れ，裁判所の判断には，システムリスクが顕在化しないようにするためのコントロールのヒントが読み取れる。そこで，具体的な裁判事例をみるまえに，本章では，判決文の読み方，着目する点などについて解説する。

本章の内容

▶ IT関連訴訟事件にシステム監査のポイントを探る
▶ 判決文の読み方を押さえる
▶ "重過失"と"過失相殺"の判断理由に着目する

1

IT関連訴訟事件にシステム監査のポイントを探る

（1）IT関連訴訟事件にみるシステムリスク

「システム」は企業等だけでなく，社会基盤としても重要なインフラである。そのシステムを開発するには，業務要件を充足するだけではなく，セキュリティや可用性の確保なども求められる。安定稼働させるには，システムを監視し，リソースの状況を踏まえた対応が必要になる。このように，品質が高く，利用しやすいシステムを開発したり，安定的にシステムを運用・維持したりするためには，システムに関する高度に専門的な知識と技術力が求められる。したがって，ビジネスやサービスにシステムを利活用する企業や団体など（以下，「ユーザ」という）は，システム関連業務の専門家である企業など（以下，「ベンダ」という）にシステムの開発，運用・保守などの全部または一部を委託することが多くなる。

そこで，X社（ユーザ）がY社（ベンダ）にシステム開発業務を委託した次のようなケースを考えてみよう（図表1-1）。

X社（ユーザ）の基幹システムはE社が個別開発したものであり，20年前からE社製のメインフレーム上で稼働し，ユーザ部門（利用部門）からの要望を踏まえて改修を繰り返しながら利用している。ユーザ部門から現行基幹システムに対する不満はないもののハードウェアが老朽化し，法令や制度の改正対応や機能改修も複雑になり，運用・保守コストが増大している。専用端末を前提とした機能も多く，テレワークへの対応が難しい状況にある。そこで，ハードウェア更改を機に，現行基幹システムを再構築することになった。

E社からはWebベースで全面再構築（リビルト）する提案があり，再構築費用15億円，開発期間2年，年間保守費用1億円の概算見積りが提示された。X社のシステム部門としては，E社との取引が長く，現行基幹システムの保守業務も委託していることから，再構築をE社に発注したいと考えている。

X社では稟議に相見積りが必要なことから，基幹業務のパッケージを提供しているY社（ベンダ）に現行基幹システムの機能一覧を提示し，提案を依頼した。

Y社からは，テレワークにも対応できるクラウド上でのパッケージソフトウェアの利用が提案された。提案によれば，現行基幹システムの機能とパッケージ機能の適合率は80％，法令等の改正対応はパッケージ標準機能であり，適合しない20％の部分はカスタマイズで対応可能とのことであった。

Y社の見積りは，再構築費用5億円，開発期間1年，年間保守費用0.3億円であり，X社内で検討した結果，パッケージ適合率，開発期間，運用の容易さ，拡張性，保守運用コストなどを総合評価し，Y社に請負で委託することが決定された。両社間でシステム開発委託契約が締結され，再構築プロジェクトがスタートした。

再構築プロジェクトは大きな問題もなく順調に進み，ユーザ部門による機能確認テストの段階に入った。すると，ユーザ部門から「現行システムと違う！」との不満が続出した。例えば，金額が1円合わない，帳票の項目が不足している，画面遷移の順番が違う，デフォルト値が入っていない，タブキーが使えない，マスタの内容が間違っているなどである。結局，稼働予定日を1年過ぎてもシステムは完成せず，X社はY社の債務不履行に基づき，契約を解除した。Y社はこれを不服としたことから，X社は訴訟を提起した。

経営トップからは，内部監査部門に対して「当社にとって最も重要なシステムの開発であるのに，システム監査でなぜ問題点を確認しなかったのか」と指摘を受けた。

図表1-1　ケース

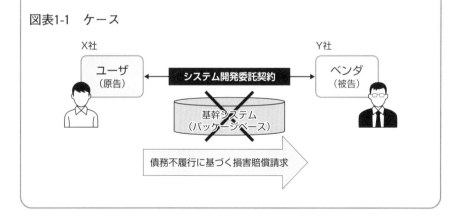

このケースでは，一体，何が起こっていたのか。問題点は何なのか。ユーザ（X社）の監査人の立場なら，逆にベンダ（Y社）の監査人の立場なら，どうすれば，同様のトラブルを防ぐことができるのだろうか。

大きなトラブルもなく無事にシステム開発が完了し，本番稼働を向かえ，

運用・保守が続けばよいが，そうなるとは限らない。システムの開発遅延，システム障害，サイバー攻撃など，さまざまな問題が生じてくる。これらの問題に対して，ユーザとベンダの認識に離齬があり，協議が平行線のままになることもある。そうなると，契約解除，原状回復や損害賠償請求となるが，これも調整がつかなければ，裁判での決着，つまり，訴訟になる。これらは，システムリスクの顕在化である（図表1-2）。訴訟になれば，裁判所が結論を出してくれるので，それで争いは一応決着する。しかし，たとえ勝訴したとしても後味は悪く，喜ぶべきものではない。重要なビジネスパートナーを失い，競合他社に負け，ビジネスチャンスを逃すかもしれない。

図表1-2　IT関連訴訟事件にみるシステムリスク（例）

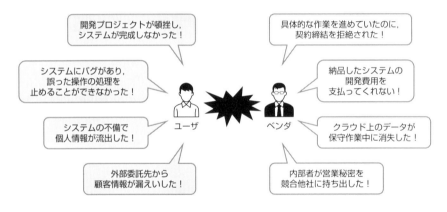

（2）判決文を覗いてみると・・・

　訴訟には民事訴訟，刑事訴訟，行政訴訟などがある。本書では企業等組織のシステムを対象としているので，図表1-3に挙げる民事訴訟事件を題材として取り上げている。

図表1-3　本書で取り上げる裁判事例

	裁判所・年月日	本書
裁判事例1	東京地判平成17・3・28	第2章1
裁判事例2	東京地判平成19・1・31	第2章2
裁判事例3	東京地判平成24・4・16	第2章3
裁判事例4	旭川地判平成28・3・29, 札幌高判平成29・8・31	第3章1 第4章2,　3
裁判事例5	東京地判平成22・12・28	第3章2
裁判事例6	東京地判平成26・10・30, 東京高判平成27・6・11	第3章3
裁判事例7	東京地判平成16・3・10	第4章1
裁判事例8	東京地判平成13・9・28	第5章1
裁判事例9	東京地判平成21・5・20	第5章2
裁判事例10	東京地判平成9・2・18	第5章3
裁判事例11	東京地判平成26・1・23	第6章1
裁判事例12	東京地判平成19・2・8, 東京高判平成19・8・28	第6章2

　判決書に記載している事項（以下，「**判決文**」という）は，民事訴訟法253条1項に定められている。本書の目的に照らすと「事由及び理由」の部分が主な対象になる（図表1-4）。

図表1-4　判決書の「事実及び理由」の部分

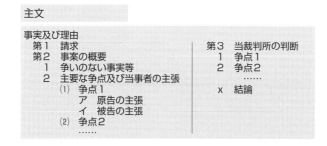

　それでは，具体的にどのようなことが書かれているのか，判決文の一部を覗いてみよう。

● 重過失について（東京高判平成25・7・24）

　…注意義務違反は，結果の予見可能性及び回避可能性が前提になるところ，著しい注意義務違反（重過失）というためには，結果の予見が可能であり，かつ，容易であること，結果の回避が可能であり，かつ，容易であることが要件となるものと解される。

● 要件定義工程について（札幌高判平成29・8・31）

　…作成すべき画面イメージや帳票サンプル等の確認及び承認を得ていたのであって，要件定義書等の提出がなかったからといって，要件定義工程が終了していなかったということはできず…。

● ユーザの協力義務について（札幌高判平成29・8・31）

　…システム開発はベンダ…の努力のみによってなし得るものではなく，ユーザ…の協力が必要不可欠であって，…システム開発に協力すべき義務を負う…。…システム開発を妨害しないというような不作為義務も含まれている…。

● 議事録について（東京高判平成25・9・26）

　…議事録を確定するに当たっては，…議事録によって作業を記録化することの意義を十分に認識しつつ，その内容と表現を検討して，会議の実態を反映したものとして，記載内容を確定させたもの…。特に…システム開発を業とする者であり，このような議事録作成の意義と方法を当然熟知していた…。

● ハードウェア障害について（東京地判平成21・5・20）

　…広く使用されている…サーバ…を選定したこと，…事故が発生した…間の使用期間は約１年７か月であり，耐用年数の範囲内であること，…サーバ管理施設において入退室管理，空調管理を行った上で，…サーバの保守・管理を行ってきた…。これらの事実を総合勘案すると，…サーバの設置及び管理につき格別の落ち度があるとはいい難い。

● プログラムのバグについて（東京地判平成 9 ・ 2 ・18）

　…バグといえども，システムの機能に軽微とはいえない支障を生じさせる上，遅滞なく補修することができないものであり，又はその数が著しく多く，しかも順次発現してシステムの稼働に支障が生じるような場合には，プログラムに欠陥（瑕疵）があるものといわなければならない。

● セキュリティ対策について（東京地判平成26・ 1 ・23）

　…その当時の技術水準に沿ったセキュリティ対策を施したプログラムを提供することが黙示的に合意…。

　判決文は，一文が長く，独特の表現があり，図表もなく，決して読みやすい文章とはいえない。読むことに少し躊躇してしまう。そこで，判決文の読み方を押さえることで判決内容の全体が俯瞰でき，当事者（または訴訟代理人）による主張，立証と裁判官による事実の認定，判断を把握しやすくなる。

　監査からみれば，裁判で争うような状況にまで至ってしまったことが"負け"と同じである。問題点になりそうなところを事前に見つけ，改善しておくように促すことが監査の重要な役割のひとつである。訴訟における当事者の主張と裁判所の判断には，その問題点が浮かび上がっている。つまり，判決文から監査のポイントがみえてくる。

2

判決文の読み方を押さえよう

　裁判官は，原告と被告の双方から提出された**"書証"**と弁論の全主旨（監査でいえば，**"証拠資料"**に相当するもの）から事実を認定し，総合的に判断して結論を出している。監査人も監査命題に関わる証拠資料を評価して，監査意見を表明する（図表1-5）。訴訟事件から監査のポイントを考えるには，裁判官が当事者の主張からどのように事実を認定し，判断したか，その理由は何かなどを判決文の中から読みとることが有用である。

図表1-5　裁判官と監査人の立場

　判決文を読む際は，民事訴訟の基本原則である"処分権主義"，"弁論主義"，"証明責任"に留意する必要がある。

（1）訴える自由である「処分権主義」

　民事訴訟では，私的自治の原則（第2章1　参照）に対応して，訴訟の開始や内容，終結についての決定を当事者（原告）に任せるという「**処分権主義**」が採られている。つまり，原告は訴訟で最終的に判断すべきものを特定して提示することができ，提示しなければならない。

　　・訴えるかどうかは原告となり得る人の自由（手続の開始）

　　・何について訴えるかは原告の自由（審判対象の設定）

　　・訴訟をどういう形で終わらせるかは原告の自由（手続の終了）

（2）「弁論主義」の３つのテーゼ

　処分権主義に対して，"判決の基礎となる事実の確定に必要な証拠の収集，提出を当事者の権能と責任に委ねる"というのが「**弁論主義**」である。簡単にいえば，民事訴訟における証拠は当事者が提出したものに限るということである。

　弁論主義には，次の３つのテーゼ（命題）がある（図表1-6）。

【第１テーゼ】権利の発生・変更・消滅という法律効果を判断するのに直接
　　　　　　　必要な事実（主要事実）については，当事者が主張しない限
　　　　　　　り［Ｘ＋Ｙ＋Ｚ］，裁判所は，これを判決の基礎とすること
　　　　　　　はできない＜主張責任＞
【第２テーゼ】当事者間に争いのない主要事実［Ｚ］については，裁判所は，
　　　　　　　当然に判決の基礎としなければならない＜自白の拘束力＞
【第３テーゼ】裁判所が事実認定の基礎とできる証拠は，当事者が申し出た
　　　　　　　ものに限られる＜職権証拠調べの禁止＞

図表1-6　当事者が主張した主要事実

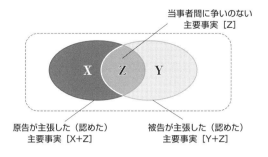

　当事者は裁判に勝つために必要と考える証拠しか提出しないし，それ以外のことは主張もしない。裁判所も当事者が主張しないことを積極的に調査したりはしない。一方，監査では，「監査対象部門から証拠が提出されなかったので，問題点に気づきませんでした。」といっても，監査対象部門の意図的な隠ぺいでない限り，監査人の言い訳にしかならない。「なぜ，もっと踏

み込んで調べなかったんだ！」と怒られるのがオチである。弁論主義に対して，監査人の行為は次のようにいえる。

　・監査で何を確かめるかは監査人が決める

　・提示・説明されていない事実についても監査人は調べる必要がある

　・どのように評価し判断するかは，監査人の自由である

　民事訴訟の裁判官は，当事者が主張していない事実も含めて評価・判断しているわけではない。したがって，判決文を参考に監査のポイントを考える場合，特に弁論主義は内部監査のスタンスと違っていることに留意して判決文を読む必要がある。

コラム　1

資料・証拠資料・監査証拠の関係

　「証拠資料」とは，さまざまな「資料」の中から監査人が要証命題（監査要点）に関連性があると判断した「あるべき資料」である。要証命題に対して，監査人が監査技法を選択・適用した証拠資料のうち，監査意見の判断根拠として入手したものが「監査証拠」となる（図表1-7）。監査人には，証拠資料を選りだし，監査技法を適用し，適切性や十分性を判断できるスキルが求められる。

図表1-7　資料・証拠資料・監査証拠

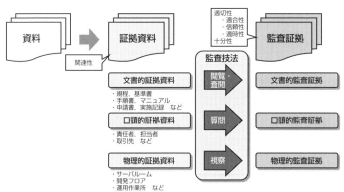

出所：五井孝『リスク視点からの「実効性のある」内部監査の進め方（第2版）』（同文舘出版，2020年，120頁）に基づき筆者作成。

（3）当事者の一方に不利益となる「証明責任」

　裁判官は，判決の基礎となる事実を認定するに当たって，口頭弁論の全趣旨および証拠調べの結果をしん酌して，自由な心証により，事実についての主張を真実と認めるべきか否かを判断する（民事訴訟法247条）。この原則を「**自由心証主義**」という。また，当事者の請求，主張，および立証に関連するすべての事項を明瞭にするために，事実上および法律上の事項に関して当事者に問いを発し，または立証を促すことができる（民事訴訟法149条１項）。裁判所のこの権能を「**釈明権**」という。そして，裁判所は，提出された証拠から争いのある事実について認定する。しかし，最終的に事実の存否が不明という場合もあり得る。その場合にどう判断するのかが問題となる。「判断ができないので結論は出せません。」ということはできない。そこで，このような場合には，当事者のどちらか一方が不利益となる結果となるようにみなす（擬制）ことになり，これを「**証明責任**」という。

（4）争点整理の基本的な流れ

　判決文を読む上では，争点を整理し，事実を認定する基本的な流れを押さえることで，判決文の構造がわかり，読みやすくなる（図表1-8）。

　まず，①契約が成立しているのかどうかである。契約が成立していれば，当事者に②債権・債務が発生するので，③**債務不履行**かどうかを評価する（契約が成立していないと判断されれば，そもそも債権・債務が生じていないので，**不法行為**があるかどうかになる）。債務不履行（または不法行為）の認定がされると，④どのような損害が発生したのか，⑤その損害は債務不履行と**因果関係**があるのかどうかが判断される。因果関係があると判断されると，損害賠償額を算定するに当たって，⑥債務者に**故意・重過失**がないかどうか，⑦債権者に過失はないかどうかが評価され，⑧最終的に損害賠償額が決められる。

図表1-8　争点整理の基本的な流れ

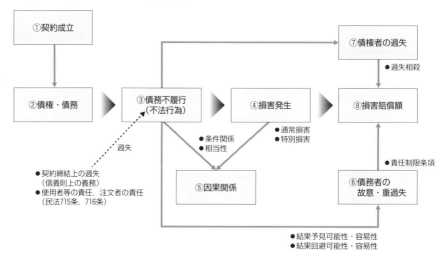

（5）法的三段論法による推論

　裁判所が判決を出すための拠り所は"法"である。法を大前提として，事実を小前提とし，事実を法に当てはめて結論を導く。これが「**法的三段論法**」であり，大前提と小前提から結論を導き出す演繹的推論方法である（図表1-9）。

図表1-9　法的三段論法

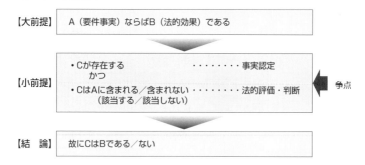

　民事訴訟での法とは，民法や商法等の実体法であり，法律要件として一定の事実（**要件事実**）を示し，その事実が存在すれば，一定の権利の発生や消滅等（**法的効果**）があることを定めている。そこで，裁判所は，要件事実に該当する具体的な事実（**主要事実**）が存在するか否かを認定（**事実認定**）し，実体法に当てはめて（**法的評価**），権利の存在を判断する。

コラム　2

トゥールミンモデル

　トゥールミンモデルとは，イギリスの分析哲学者であるスティーブン・トゥールミン（Stephen Edelston Toulmin：1922-2009）が提唱した論証モデルであり，「主張・結論」を支える根拠を「事実・データ」と「論拠」に分けて構造化している（図表1-10）。

図表1-10　トゥールミンモデル

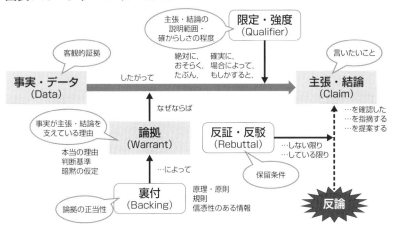

　　主張・結論に至るためには，例えば，次のように分析していく。
　　　①論点を分析する
　　　　（論点を見つけ，限定詞や例外を探し，論点を要約する）
　　　②根拠を分析する
　　　　（根拠を列挙し，検証する）
　　　③証拠を分析する
　　　　（証拠を列挙し，証拠を調べる）
　　　④反駁を検討する
　　　　（反論を想定し，補足する）

3

"重過失"と"過失相殺"の判断理由に着目する

（1）債務不履行の要件と効果

　ユーザとベンダとの間で契約が締結されることによって，双方に債権・債務が生じる。債務が履行できない，つまり，「**債務不履行**」には，「**履行遅滞**」，「**履行不能**」，「**不完全履行**」がある。システム開発が遅れ，納期に間に合わず，延期になったり，開発中止になったりするのは，債務不履行の典型的な例である。債務が履行できなくなった場合には，「**契約解除**」，「**損害賠償請求**」などになる。具体的な内容は，契約で規定することが多い。

①契約解除

　例えば，システム開発委託契約において，システムの完成時期が経過したにもかかわらずベンダがシステムを完成させない場合など，当事者の一方がその債務を履行しない場合において，相手方が相当の期間を定めてその履行の催告をし，その期間内に履行がないときは，相手方は，契約の解除をすることができる（民法541条）。

　また，システムの完成が不可能な場合または不完全な場合など，債務の全部が不能であったり，債務の一部が不能である場合で残存する部分のみでは契約をした目的を達することができなかったりするときは，債権者は契約を解除することができる（民法542条）。ただし，債務の不履行が債権者の責めに帰すべき事由によるものであるときは，債権者は契約を解除することができない（民法543条）。

②損害賠償請求

　債務者がその債務の本旨に従った履行をしないとき，または債務の履行が不能であるときは，債権者は，これによって生じた損害の賠償を請求することができる。ただし，その債務の不履行が契約その他の債務の発生原因およ

び取引上の社会通念に照らして債務者の責めに帰することができない事由によるものであるときは，この限りでない（民法415条1項）。

　また，債務の不履行に対する損害賠償の請求は，これによって通常生ずべき損害の賠償をさせることをその目的とし，特別の事情によって生じた損害であっても，当事者がその事情を予見すべきであったときは，債権者は，その賠償を請求することができる（民法416条1項，2項）。

　債務不履行の要件と効果を整理すると，図表1-11のようになる。

図表1-11　債務不履行の要件と効果

	内　容	要　件	効　果
履行遅滞	履行期を過ぎても債務者が履行しない場合	①履行期に履行が可能であるにもかかわらず，履行期を過ぎても履行しないこと②債務者に帰責事由（故意・過失）があること③不履行が違法であること	・契約解除・損害賠償請求
履行不能	履行が不可能となった場合	①債務発生後に履行ができなくなったこと②債務者に帰責事由（故意・過失）があること	・契約解除・損害賠償請求・代償請求
不完全履行	履行したが不完全であった場合	①履行が不完全であること②債務者に帰責事由（故意・過失）があること	・履行請求・契約解除・損害賠償請求

（2）致命的な"重過失"

　訴訟の勝敗を左右するのは，債務不履行あるいは不法行為の有無と程度であり，ポイントになるのが"重過失"と"過失相殺"である。まず，当事者の行為が"重過失"に該当するかどうかが争点になる。「**過失**」とは，「結果発生の予見可能性がありながら，結果の発生を回避するために必要とされる措置（行為）を講じなかったこと。」をいう。「**重過失**」とは，重大な過失の略であり，民法上は，善良な管理者としての注意義務を著しく欠くことであ

る。また，「**善管注意義務**」とは，「行為者の具体的な注意能力に関係なく，一般に，行為者の属する職業や社会的地位に応じて通常期待されている程度の抽象的・一般的な注意義務のこと。」である。

　当事者の行為に重過失があるのか，あるいは過失に留まるのかの判断が重要なのは，それによって，損害賠償責任制限条項が適用されるかどうかが分かれるからである。どのようなことが重過失に該当するのかの判断基準である。例えば，プログラムのバグにより処理が停止できなかった事件の控訴審判決（東京高判平成25・7・24）では，"重過失"を次のように述べている（図表1-12）。

＜東京高判平成25・7・24 判タ1394号93頁＞

　重過失（重大な過失）について，判例（最高裁昭和32年7月9日判決・民集11巻7号1203頁）では「ほとんど故意に近い著しい注意欠如の状態」と表現し，「ほとんど故意に近い」とは「通常人に要求される程度の相当な注意をしないでも，わずかな注意さえすれば，たやすく違法有害な結果を予見することができた」のに「漫然とこれを見過ごした」場合としている。これは，結果の予見が可能であり，かつ，容易であるのに予見しないである行為をし，又はしなかったことが重過失であると理解するものである。これに対して，重過失に当たる「著しい注意欠如の状態」とは著しい注意義務違反，すなわち注意義務違反の程度が顕著である場合と解することも可能である。これは，行為者の負う注意義務の程度と実際に払われた注意との差を問題にするものである。前者のような理解は重過失を故意に近いものと，後者のような理解は重過失を故意と軽過失の中間にあるものと位置づけているようにも解される。

　ところで，今日において過失は主観的要件である故意とは異なり，主観的な心理状態ではなく，客観的な注意義務違反と捉えることが裁判実務上一般的になっている。そして，注意義務違反は，結果の予見可能性及び回避可能性が前提になるところ，著しい注意義務違反（重過失）というためには，結果の予見が可能であり，かつ，容易であること，結果の回避が可能であり，かつ，容易であることが要件となるものと解される。このように重過失を著しい注意義務違反と解する立場は，結果の予見が可能であり，かつ，容易であることを要件とする限りにおいて，判例における重過失の理解とも整合するものと考えられる。そうすると，重過失については，以上のような要件を前提にした著しい注意義務違反と解するのが相当である。

図表1-12　重過失の判断基準

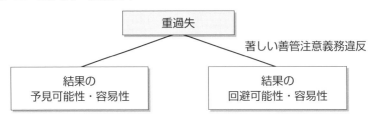

　独立行政法人情報処理推進機構（IPA）と経済産業省が公開している「情報システム・モデル取引・契約書」（2019年12月24日）におけるモデル契約書の損害賠償条項には，「損害賠償義務者の故意又は重大な過失に基づく場合，損害賠償金額の上限規定を適用しない」旨，規定している。システム監査では，"過失"，"重過失"に該当しないように，システムの開発や運用などの業務を適切に行っているかどうかを検証，評価する必要がある。

（3）損害賠償額が減額される "過失相殺"

　ベンダが開発したシステムの完成が大幅に遅れたことが原因でユーザのビジネスに大きな損害が発生した場合などのように，債務者の債務不履行（または不法行為）によってユーザに損害が発生し，それが認められても，安心はできない。例えば，確定した要件をユーザが再三再四変更したり，追加の要望を次々と求めたりするなどのように，債務の不履行またはこれによる損害の発生もしくは拡大に関して債権者に過失があったときは，裁判所は，これを考慮して，損害賠償の責任とその額を定めることができる（民法418条）。つまり，損害賠償額が減額される場合があるということである。これを「**過失相殺**」という。例えば，第6章で検討する【裁判事例11】の判決文には，次のように述べられている。

<東京地判平成26・1・23 判時2221号71頁>
　…［ユーザ］のシステム担当者が，顧客のクレジットカード情報のデータがデータベースにあり，セキュリティ上はクレジットカード情報を保持しない方が良いことを認識し，［ベンダ］から本件システム改修の提案を受けていながら，何ら対策を講じずにこれを放置したことは，本件流出によるクレジットカード情報の漏洩の一因となったことは明らかであるから，［ユーザ］に損害が認められるとしても，上記［ユーザ］の過失を考慮し，3割の過失相殺をするのが相当である。

　結果の予見が可能であるにもかかわらず，注意を怠って予見しなかったり，あるいは，結果の回避が可能なのに回避しようとしなかったりする場合，過失相殺が適用される可能性がある。

コラム　3
どこまでが事実，どこからが評価？

　芥川龍之介の作品のひとつに「藪の中」という短編がある。読まれた方も多いと思う。一人の男の死体が藪の中で見つかり，検非違使が4人の目撃証言と3人の自白証言を聞くが，それぞれが微妙に食い違い，事件の真相はますますわからず"藪の中"である。ある事象を言葉で表現した途端に，そこにはすでに評価が入り込んでいるということを認識させられる。
　監査人が質問した際も同じである。"事実はどれか，どこまでが事実で，どこからが評価なのか"を常に意識してほしい。

第 2 章

契約交渉・準備段階における監査のポイント

　本章では，ユーザとベンダとの間におけるシステム開発委託契約が締結に至らず，損害を被ったとして訴訟になった事件を題材にして，契約交渉・準備段階において，当事者の認識に齟齬が生じないようにするために，監査で確かめるべきポイントを解説する。なお，第4章で企画・提案段階におけるプロジェクトマネジメント義務・協力義務について触れているので，合わせて参照してほしい。

本章の内容

▶ 「キックオフミーティング」の開催でシステム開発委託契約は成立するか？
▶ 「基本契約」を締結して打合せもはじめたのに・・・
▶ 「契約締結前の作業着手」はベンダの自己責任？

1

「キックオフミーティング」の開催でシステム開発委託契約は成立するか？

（1）事件の概要

　ユーザがシステム開発業務をベンダに委託するには，稟議などの社内手続きが必要になる。ベンダから提示された概算見積金額で社内手続きを通してしまうと，そのあとの詳細な見積りで概算見積金額を超過してしまっても，追加分を再稟議などで承認を得るのはなかなか大変である。経営陣から「なぜ，正確な見積りを取らなかったんだ！」と怒られるだろう。そうすると，どうしても詳細な見積り金額が提示されるまでは契約締結には慎重にならざるを得ない。一方，ベンダは少しでも早く作業に着手したいので契約締結を急ぎたい。結果として，ベンダの勇み足になってしまい，システム開発委託契約の成否についてベンダが訴えるケースが多いようである。

　そこで，最初に検討する裁判事例は，書面による契約が締結されていない場合に，システム開発の委託契約が成立しているかどうかが争われた事案である。

裁判事例　1　東京地判平成17・3・28（ウエストロー・ジャパン2005WLJPCA03280008）

訴　　え

ベンダ

　営業の業務管理システムを開発する目的でユーザと秘密保持契約を締結し，システム開発の打合せを始めた。ところが，システム開発の契約をユーザから解除されたことから損害を被ったとして損害賠償等を求め（主位的請求），契約の準備段階におけるユーザの信義則上の注意義務違反に基づく損害賠償等を求めた（予備的請求）。

　ベンダは，システム開発業務の請負契約が成立していることを前提に，ユーザからの契約解除により損害が生じたとして，民法641条（注文者による契約の解除）に基づく損害賠償を主位的に請求した。さらに，請負契約の成立が認められなかった場合を想定し，契約準備段階におけるユーザの信義則上の注意義務違反に基づく損害賠償も予備的に請求した（図表2-1）。これは，同一の原告（本事案ではベンダ）が同一の被告（本事案ではユーザ）に対し，1つの訴えをもって提起する複数の請求に順位を付けて申し立て，**「主位的請求」**（第1次請求）が認容されることを**「予備的請求」**（第2次請求）の申立ての解除条件（請求の申立てをしていないことにする）とする**「請求の客観的併合」**である。つまり，二段構えの作戦である。

図表2-1　裁判事例1

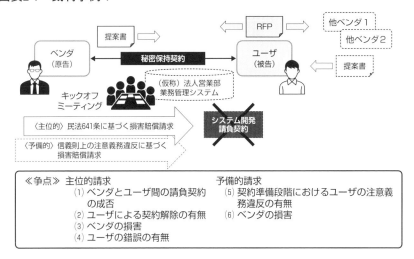

請　　求

ベンダ

　［ユーザ］は，［ベンダ］に対し，金1935万8000円及びこれに対する平成15年3月8日から支払済みまで年6分の割合による金員を支払え。

判決：主文

1　［ベンダ］の請求をいずれも棄却する。
2　訴訟費用は［ベンダ］の負担とする。

（2）当事者の主張と裁判所の判断

　【裁判事例1】では6つの争点が整理された。ここでは，「争点（1）ベンダとユーザ間の請負契約の成否」を取り上げて，当事者の主張と裁判所の判断から監査のポイントを検討する。

争点

> システム開発委託契約は成立したか？

当事者の主張

ベンダ（原告）

　ベンダは，システム開発の作業に着手する節目の会議と位置付ける「キックオフミーティング」を開催して，その後すぐに要件定義工程の「SA工程」に入り，それらの議事録にユーザが押印していることから，ユーザは会議の意味を認識して承認しているとして，次のように主張した。

「システム開発契約は成立している。開発作業に入る合意もあった。」

> 　…（7）月11日，［ベンダ］と［ユーザ］との間で「キックオフミーティング」が持たれた。この「キックオフミーティング」とは，開発作業を開始することを当事者間で相互に確認することを意味する節目の会合である。
> 　［ベンダ］が開発作業に入ることにつき，［ベンダ］と［ユーザ］との間で合意があったことは動かし難い事実である。同日の「キックオフミーティング」開催の後，直ちに「SA工程」に入っている。「SA工程」が有料の作業であることは，第1回見積りの段階から［ベンダ］は［ユーザ］に説明しており，［ユーザ］は異議がなかった。…
> 　［ユーザ］の担当者であったEは，少なくとも，同月11日の「キックオフミーティング」，同日の「SAレビュー」，同月18日の定例進捗会議に出席し，議事録に押印している。したがって，［ベンダ］が勝手に作業をしたという［ユーザ］の主張は通用しない。

　ベンダが証拠として提出した議事録は，議題欄が「キックオフミーティング議事録」となっていて，議事内容欄にはベンダが作業の進め方を説明してユーザが了解したことなどが記載され，ユーザ承認者欄にはユーザ担当者の押印があった。SAレビュー，定例進捗会議の議事録も同様であった。これらについては，"争いのない事実"としてユーザも認めている。システム開発のスタートとして特別な意味をもつ会議（ここでは，キックオフミーティング）の開催とその議事録の作成および承認という事実は，システム開発委託契約が成立したかどうかを判断するうえでポイントになる。

ユーザ（被告）

　ユーザは，そもそも書面による契約が締結されていないとして，次のように反論した。

「ベンダとユーザとの間で請負契約は締結されていない。」

> 　本件システムの開発については，…［ベンダ］と［ユーザ］間において何ら契約書や発注書等が存在しない。本件システム開発の請負価格は数千万円と高額であり，このような契約について契約書，発注書等が作成されることはビジネス上当然の常識である。したがって，契約書等が存在しないこと自体，［ユーザ］が契約締結ないし発注の意思表示をしていなかったことの証左である。…
> 　…この会議は，［ベンダ］の担当者のメール…の文面等から明らかなとおり，単なる打合せとして開催されたにすぎず，契約を前提とする特別な意味を有する会議ではなかった。この会議の席上，Eは，［ベンダ］に対し，「本件のような高額な開発を行うためには，当社の社内的取扱いでは，ある程度詳細な見積りについて稟議を行い，その承認を得た上で契約を締結する必要があります。そのような見積りが出るのはいつごろになる見通しでしょうか」と尋ね，［ユーザ］として発注も契約締結もしていないことを裏付ける行動を取っている。…

　ユーザは，ベンダの担当者から送られたメールを証拠として提出し，「会議は単なる打合せであった」と主張している。もし，ベンダのメールに「今回の会議は，ご発注いただきましたシステム開発業務をはじめる節目として開催するキックオフミーティングとなります。」というような内容の記載が

あれば、ユーザが会議の意味を理解して出席し、議事録に押印していると判断されたかもしれない。ただし、ユーザの担当者だけにメールを送っているのであれば、他のユーザ出席者は単なる打合せと認識していたとして、ベンダの主張は弱くなってしまう。特別な意味をもつ会議については、開催メールの宛先（ユーザ、ベンダ）や会議の出席者が誰なのかもポイントになる（本事案では、担当者間での打合せであったことが確認されている）。

裁判所の判断

ベンダとユーザの主張に対して、裁判所は次のように判示した（図表2-2）。

「ベンダとユーザとの間で請負契約が成立したと認めることはできない。」

… ［ベンダ］は…請負代金について… ［ユーザ］のCが…金額を了承し、社内手続を取ると発言した…、… ［ユーザ］担当者が［ベンダ］に対し、「競合していた他の2社に断りを入れた。[ベンダ］にお願いしようと思っている」と述べた、…などを主張する。…発言等に関する証拠…は… ［ベンダ］の供述…のみであり、その内容もあいまいであったり、伝聞にすぎないものである。…メールで、[ベンダ］の社内手続のために、…お願いしていた内諾のメールがほしいと述べていることからすれば、…それ以上の合意があったとも思われない。… ［ユーザ］の同月11日の稟議書…には［ベンダ］以外にも同業の2社が依然として候補として挙げられていることからすれば、… ［ベンダ］が主張しているような…発言があったとは考え難い。…

…（ベンダの）DやHが［ユーザ］の担当者あてに送信したメールでも、…「7／11のお打ち合わせ」…といった表現が用いられているにすぎないし、同日の打合せについて特別な意味を与えるべきやり取りがされた形跡もない。

また、この日の打合せが［ベンダ］主張のような重要なものであったとすれば、［ユーザ］においては、[ベンダ］との交渉を担当していた責任者であるCがこれに出席してしかるべきであるところ、同人は出席していないし、[ベンダ］から同人の出席を求めたり、あるいは打合せの前後に同人にあいさつをしたというような事情もうかがわれない。…

… ［ユーザ］の社内においては、[ベンダ］との契約締結までには発注に関する計画稟議書…が起案された段階であったにすぎず、…更に実施稟議を行うことが内部的に要求されていたのである…から、[ユーザ］の担当者がこの日に［ベンダ］主張のような意味付けのある打合せを行うことは通常では考え難い。

…「キックオフミーティング」がそのような意味を有するものであると認識

して上記議事録に押印することは不合理であるから，…同人が上記議事録に押印したことから直ちにこの打合せに特別な位置付けが与えられていたものと推認することはできない。

また，［ベンダ］は，この日の打合せに用いられたレジュメ…に，「この度は貴社「…事務管理システム」の開発作業をご依頼頂き，誠にありがとうございます。」との記載がある点を指摘するが，<u>このレジュメ自体は本件メールが送付される前の7月5日の段階で既に作成されていた</u>ものであって…同月11日に契約が成立していたことの裏付けとなり得るものではない。…

…［ベンダ］が［ユーザ］に契約書のサンプルを送り，また，［ユーザ］が［ベンダ］に覚書の締結を提案しているにもかかわらず，結局，両者の間で何らかの合意文書を作成することはなかった…。

図表2-2　システム開発委託契約は成立？

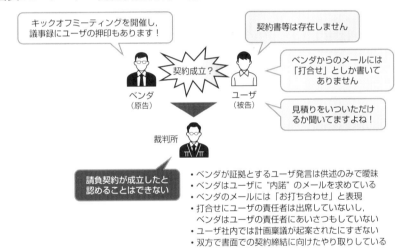

裁判所は，メールのやり取り，打合せの出席者，ユーザの責任者に対するベンダの対応，打合せ資料，ユーザ社内の稟議手続の状況，他ベンダも含めた契約交渉の状況などを踏まえて，ユーザがベンダにシステム開発業務を発注した意思をもって打合せ（キックオフミーティング）に出席したのかどうかを評価している。

（3）監査のポイント

①契約の成立要件

　【裁判事例１】では，結果的にベンダの勇み足であった。契約の成立については，次の"契約自由の原則"と"諾成契約"を理解しておく必要がある。

ａ．契約自由の原則

　民法には，「私人間の権利義務関係を成り立たせるものは自らの意思であり，国家はこれに干渉せず尊重しなければならない」という原則（**私的自治の原則**）がある。この原則が契約の局面で具体化されたのが「**契約自由の原則**」（民法521条）であり，契約をするかどうかの自由［**契約締結の自由**］，契約の相手方を自由に選択する自由［**相手方選択の自由**］，どのような方式で契約を締結するかの自由［**方式の自由**］（ただし，法令に特別の定めがある場合を除く），契約の内容を自由に決定できる自由［**内容形成の自由**］，がある（図表2-3）。例えば，システム開発委託契約で考えると，次のような"自由"になる。

・ベンダにシステム開発を委託するかどうかの自由［契約締結の自由］

・どのベンダと契約を締結するかの自由［相手方選択の自由］

・契約書，発注書などの書面で締結するか，あるいは口頭で契約するか，また，請負契約にするか準委任契約にするかの自由［方式の自由］

・どの機能をいつまでに完成させるかの自由［内容形成の自由］

図表2-3　契約自由の原則

b．諾成契約

　契約は，当事者の一方が契約の内容を示してその締結を申し入れる意思表示（**申込み**）をし，相手方がその申込みを**承諾**したときに成立する（民法522条1項）。契約の成立には，法令に特別の定めがある場合を除き，書面の作成その他の方式を具備することを要しない（民法522条2項）。また，申込みの相手方による承諾の通知が申込者に到達した時に効力が生じる（民法97条1項）。このように，申込みと承諾という当事者の合意だけで成立する契約を「**諾成契約**」という（逆に，一定の方式を備えていることが契約の成立要件となる契約を「**要式契約**」という）。つまり，当事者の意思で契約を締結した場合には，当事者は合意した契約の内容に拘束され，それぞれ責任を負わなければならい（契約の拘束力）。例えば，ユーザがベンダに対して，システム開発業務を発注するような発言をして，これに対してベンダが承諾して作業に着手したら，システム開発委託契約が成立していると判断される可能性がある。

　【裁判事例1】では，キックオフミーティングというイベント的な会議の開催によって，ベンダは，ユーザがシステム開発の作業着手を承諾したと主張している。もし，ベンダがユーザの発言等を議事録に残し，打合せをキックオフミーティングと明確に位置付けして，ユーザの責任者の出席を求め，あるいはあいさつをするなどしていたならば，裁判所は，ベンダに過失があるとしても，ユーザとの請負契約は成立していると判断した可能性がある。

②内示書

　ユーザとベンダは，自らの意思で契約を締結することで契約の内容に拘束され，双方に義務・債務が生じる。契約締結後は，例えば，ベンダは業務要件の確認，開発要員の手配や委託先の確保，開発に必要な機器類の調達などに着手しなければならない。逆にいえば，契約が締結されるまでは着手できず待ち状態になる。一方，開発するシステムの本番稼働時期は，契約締結時点ですでに決まっていることが多いので，カウントダウンはじまっていて，ベンダに残された時間はどんどん少なくなっていく。システム開発に当たっ

て，特定の技術スキルや調達に時間を要する機器などが必要な場合には，少しでも早く確保に動きたいというのがベンダの本心である（図表2-4）。

図表2-4　契約締結後の作業（例）

　そこで，ベンダは，ユーザとの契約締結を見込んで，先行して作業に着手することがある。いわゆる，"**先行着手**"である。ユーザがプレス発表した新サービスのシステム，法令改正に伴うシステム対応など，システムの本番実施日が必達で変更できないような場合はなおさらである。ユーザが既存の主要顧客であり，ほかにもシステム開発プロジェクトが進んでいたり，既存システムの運用を受託していたりするような場合は，営業判断で契約締結前に着手することもある。ところが，ユーザとベンダの調整がつかず，契約締結にまでに至らなかった場合，すでに着手してしまった作業や手配をどのように処理するのかが問題となってくる。「契約締結前の作業着手は禁止！」というルールを設けることはできるし，そうすべきである。しかし，先行着手しなければならないような状況は十分にあり得る。

　契約の締結まで待っていてはどうしても期限に間に合わないという場合，何の担保もないまま作業をはじめるのは，ビジネス上，ベンダにとってリスクが大きくなる。そこでよくあるのが，ユーザからの作業着手依頼を示す「**内示書**」等を受領する方法である。【裁判事例１】においても，ベンダはユーザに対して，内諾のメールを求めていた。内示書には特に定まった形式はないが，少なくとも，ユーザからの契約締結前の作業着手依頼がわかるような

記載が必要である。また，「契約が締結されなかった場合，内示書受領後に着手した有償作業については精算するものとする。」というように，契約締結に至らなかった場合についても明記しておくとよい。ベンダ側の監査人は，作業に着手したことや実施した作業の内容・工数などを適宜，ユーザにメール等で報告し，記録として残しているかどうかを確かめる必要がある。

　一方，ユーザは，契約はまだ締結していないことを明確にしておく必要があるので，ユーザ側の監査人は，内示書に，例えば「契約は，双方の記名押印のある書面を取り交わすことで成立するものとする。」という文言を記載しているかどうかを確認するとよい。

③キックオフミーティング

　【裁判事例1】において，裁判所は，契約締結前の打合せ，メールの内容などを踏まえて，請負契約は成立していないと判断している。ベンダは，開催されたキックオフミーティングを「開発作業を開始することを当事者間で相互に確認することを意味する節目の会合」と位置づけているが，実務上もこのような意味で使われることが多い。一方，ユーザは，単なる「打合せ」と認識していている。これは，ベンダからユーザに送信されているメール文中に"お打合せ"としか記載されていなかったことからも伺える。ただ，ひとつ言わせてもらうと，ユーザの担当者は，議事録に押印する前に，契約締結前の打合せでそもそも"議事録の承認が必要なのか"と疑問をもつべきであった。

　システム開発プロジェクトでは，通常，キックオフミーティング，進捗会議などの会議体を「プロジェクト計画書」の中で定義する。しかし，契約が締結されていない契約準備段階の状況なので，プロジェクト計画書をまだ作成していないかもしれない。したがって，ベンダ側の監査人は，提案書などの資料の中に，システム開発プロジェクトの会議体を定義して，キックオフミーティングは，プロジェクトが正式にスタートし，開発作業を開始する節目の会議であることを明示しているかどうかを確かめるとよい。

　一方，ユーザは，ベンダからの打合せ要請があった場合，ベンダに打合せの意味を確認したうえで臨むべきである。ユーザ側の監査人は，契約を締結するに当たっては社内意思決定が必要であり，まだ承認されていないことをベンダに明確に伝え，その記録を残しているかどうかを確認するとよい。例えば，見積りのための営業的な打合せであれば，議事録の中で，「第○回△△システム開発にかかる見積りのための打合せ」のように，打合せの目的が明確にわかるように記載するとよい。また，発注はまだしていないという内容の発言，ベンダがまだ受注していない認識の発言などの記録も後々証拠になる。

　なお，よほど重要なシステムかつ大規模な開発でない限り，契約締結前の準備段階だけを対象にする監査はあまり行われない。短期間での実査になるので，タイミングも難しい。すでにスタートしているシステム開発プロジェクトについて，契約締結前後の状況を遡って確かめるのが現実的といえる。

「基本契約」を締結して打合せも始めたのに…

（1）事件の概要

　【裁判事例1】では，ユーザとベンダとの間で秘密保持契約を締結して打合せをはじめたが，請負契約は成立していないと判断された。次は，システム開発の基本契約を書面で締結していた場合の事案である（図表2-5）。

裁判事例 2　東京地判平成19・1・31（ウエストロー・ジャパン2007WLJPCA01318029）

訴　え

ベンダ

　ユーザとシステム開発の請負等に関するソフトウェア開発委託基本契約を締結して打合せを始めたが，締結したクレジットシステム開発に関する請負契約をユーザが解除したことから，本件請負契約の注文者による解除に基づく損害賠償等を求め（主位的請求），仮に本件請負契約の成立が認められないとしても，クレジットシステム開発の要件定義書および概要設計書の作成作業をベンダが行う旨の準委任契約を締結したとして，本件準委任契約に基づく報酬の支払等を求めた（予備的請求）。

請　求

ベンダ

　［ユーザ］は，［ベンダ］に対し，940万5900円及びこれに対する平成15年4月26日から支払済みまで年6分の割合による金員を支払え。

図表2-5　裁判事例 2

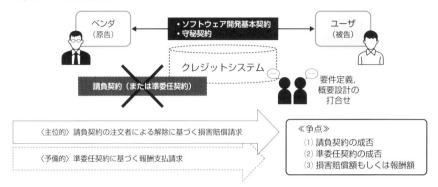

判決：主文

1　［ユーザ］は，［ベンダ］に対し，225万2790円及びこれに対する平成15年 4
　　月26日から支払済みまで年 6 分の割合による金員を支払え。
2　［ベンダ］のその余の請求を棄却する。
3　訴訟費用は，これを 4 分し，その 3 を［ベンダ］の負担とし，その余は［ユ
　　ーザ］の負担とする。
4　この判決は，第 1 項につき，仮に執行することができる。

（2）当事者の主張と裁判所の判断

　【裁判事例 2 】では 3 つの争点が整理された。ここでは，「争点（1）請負
契約の成否」と「争点（2）準委任契約の成否 」を取り上げて，当事者の
主張と裁判所の判断から監査のポイントを検討する。

|争　点|

請負契約あるいは準委任契約は成立したか？

当事者の主張

ベンダ （原告）

　ベンダは，ユーザからの指示を受けて，実作業担当者が3か月以上にわたってユーザの本社に赴き，要件定義や概要設計の打合せを重ねて実作業を行ったとして，次のように主張した。

「システム開発に関する請負契約，また，要件定義書と概要設計書の作成作業を行うことを内容とする準委任契約が，口頭により成立した。」

> 　［ユーザ］のC部長…は，…［ユーザ］本社における打合せの席で，［ベンダ］の…営業所所長のD…らに対して，本件基本契約の締結もしたので，本格作業に入ってもらいたいと依頼し，［ベンダ］側もこれを了承したことにより，同日，［ベンダ］と［ユーザ］の間で，クレジットシステム開発に関する本件請負契約が口頭により成立した。…［ユーザ］のクレジットシステム開発の要件定義書及び概要設計書の作成作業を行うことを内容とする本件準委任契約が口頭により成立した。

　ベンダの営業所所長は，打合せの中でユーザの部長から作業着手の依頼を口頭で請け，それに対して口頭で了承した，つまり，諾成契約として成立したと主張している。このような申込みと承諾に関わる発言は，証拠として録音しておくのが一番よいが，録音する行為自体が相手方を信用していないように受け取られかねず，実際に契約交渉中の録音はなかなか難しい。そうすると，発注権限のある者が発言した内容を打合せ議事録などに残しているかどうかがポイントになる。少なくとも，議事メモとして双方の責任者を含む関係者にメールしておくだけでもよい。

ユーザ （被告）

　契約が成立したと主張するベンダに対して，ユーザは基本契約に定めた条項と矛盾するとして，次のように反論した。

「請負契約は成立していない。
準委任契約が締結されたということもない。」

> 本件請負契約は，契約締結の前段階である見積りの段階でとん挫したものであって，本件請負契約は成立していない。また，口頭で本件請負契約が成立したとの［ベンダ］の主張は，本件基本契約の定める条項と矛盾する。…
> ［ベンダ］が主張する作業は，［ユーザ］のクレジットシステム開発の要件定義書及び概要設計書を作成する作業ではなく，個別契約締結に向けて，［ベンダ］が見積りを提出するために任意に行う作業にすぎず，本件準委任契約が締結されたということはない。

本事案では，基本契約の中で次のように定められていた。

・この契約，この契約に基づく個別契約，およびこれらに基づくその他の契約の締結ならびに変更は，甲（ユーザ）乙（ベンダ）を代表，若しくは代理する権限を有する者によって記名捺印された書面によってのみなし得る。

・個別契約は，前条に定める事項を記載した注文書を甲が乙に交付し，乙が当該注文書に対する注文請書を甲に交付することにより成立する。

口頭での契約成立を排除するには，このように基本契約の条項として明記しておく方法がある。しかし，契約交渉・準備段階では，まだ，基本契約の締結にも至っていないことが多い。発注の意思表示と誤解されるような発言をしないように注意するしかないが，ついうっかり言ってしまうこともあり得る。最初の打合せにおいて，"契約は書面による"というような約束事を決めておいて，議事録に残しておくだけでも効果がある。

裁判所の判断

裁判所は，基本契約に基づく個別契約の成立条項を踏まえて，次のように判示した（図表2-6）。

「請負契約の成立を認めることはできない。
準委任契約は口頭で成立したものと認めるのが相当である。」

　…本件基本契約が口頭による個別契約の締結を排除していることに加え，［ベンダ］の見積額について［ユーザ］が同意して個別契約の契約金額が決定した事実もないことに照らせば，Ｃ部長から本格作業に入ってもらいたいと言われ，［ベンダ］がこれを了承して，要件定義作業や概要設計作業に入ったからといって，これにより本件基本契約に基づく個別契約としての本件請負契約が成立したことが裏付けられるものということはできない。

　…（ユーザの）Ｈ部長から，「クレジット系」のみ先行して来週くらいから作業を開始してほしいとの話があり，これを受けて，［ベンダ］の担当者のⅠ係長とＥ主任は，…要件定義作業に取り掛かっていたこと，その後，…Ｃ部長から，本件基本契約も締結したので，本格的に作業に入ってもらいたいとの指示があり，概要設計作業のための要件定義作業の日程，作業場所等が打ち合わせられたこと，Ⅰ係長とＥ主任は，…［ユーザ］本社での計13回の打合せに参加し，問題点については［ベンダ］社内に持ち帰って検討するなどした上，要件定義作業及び概要設計作業に関するメールのやり取りを［ユーザ］の担当者と頻繁に行って，要件定義作業及び概要設計作業を進めていったものであり，…［ベンダ］の担当者として要件定義作業及び概要設計作業を行った者は，［ベンダ］の見積書作成のための作業を行った者とは全く別の構成であったことが認められる。

図表2-6　口頭での契約は成立？

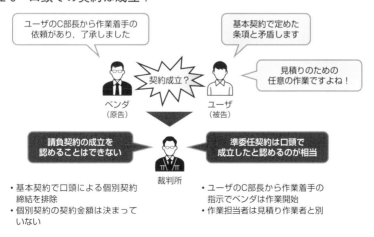

　一般に，請負契約が成立する要件には，契約の当事者，契約年月日，仕事の内容，報酬がある。裁判所は，基本契約で口頭による個別契約の成立を基本契約で排除していること，個別契約の金額が確定していないことなどから，請負契約の成立を認めなかった。一方で，ベンダがユーザの部長からの指示を受けて，見積り作成の作業者とは別の担当者が要件定義や概要設計の作業を進めていたことから，口頭による準委任契約の成立を認めている。どのような要件があれば請負契約，準委任契約が成立するのかに注意する必要がある。

（3）監査のポイント

①基本契約と個別契約

　要件定義から設計，実装，テスト，移行までのシステム開発工程を特定のベンダに委託する場合，すべての開発工程をまとめてひとつの契約にするのではなく，いくつかの工程をまとめた単位でそれぞれ個別に契約することがある。これを「**多段階契約**」という。システム開発工程の定義，個別契約に定める事項と締結方法，会議体，体制，再委託，検収や支払いなどの全体的な事項や共通事項などは「**基本契約**」として締結し，「**個別契約**」では，個々の契約内容，金額，納期などを締結することが多い。

　例えば，要件定義支援は準委任契約，システム開発は請負契約，システム運用準備・移行支援は準委任契約など，それぞれ個別契約で締結する（図表2-7）。大規模なシステム開発になると，開発をフェーズに分けて，それぞれ個別契約にする場合もある。具体的な規定の内容については，IPAと経済産業省が公開している「情報システム・モデル取引・契約書」が参考になる。

　【裁判事例２】で裁判所が判断の根拠としたのと同じように，監査人は，まず，基本契約書の中で個別契約をどのように規定しているかを確認する必要がある。開発に従事する担当者は，成果物と納期のほかは，基本契約書で規定している内容にあまり関心がない傾向にあるので，契約内容をどれくらい理解しているかを質問で確かめるとよい。

図表2-7　基本契約と個別契約（例）

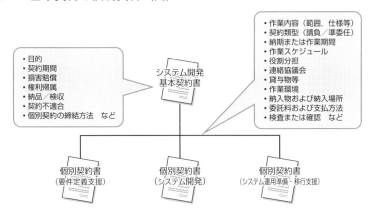

・目的
・契約期間
・損害賠償
・権利帰属
・納品／検収
・契約不適合
・個別契約の締結方法　など

システム開発
基本契約書

・作業内容（範囲，仕様等）
・契約類型（請負／準委任）
・納期または作業期間
・作業スケジュール
・役割分担
・連絡協議会
・貸与物等
・作業環境
・納入物および納入場所
・委託料および支払方法
・検査または確認　など

個別契約書
（要件定義支援）

個別契約書
（システム開発）

個別契約書
（システム運用準備・移行支援）

②請負契約と準委任契約

　【裁判事例2】において，ベンダが準委任契約に基づく報酬支払いを請求しなければ，弁論主義によって裁判所は準委任契約の成立を認めることはできないので，請負契約は成立していないとの判断に止まり，結審していたと思われる。ベンダの予備的請求が功を奏した形である。また，ベンダは，ユーザの部長から作業をはじめるように指示があったと主張している。打合せ議事録などで，ユーザからの指示があったこと（発注の意思表示），指示を承諾したこと（承諾の意思表示），作業に着手したことなどを記録しておくことも重要になる。契約は口頭でも成立するので，ここも確認するポイントになる。

　書面で契約を締結している場合には，その契約内容が請負なのか，準委任なのかを確かめることも必要になる。契約書の名称が"○○に関する請負契約"となっていても実態が準委任であれば，準委任契約とみなされ，逆に，契約条項に"検収"，"契約不適合"などの記載がある場合は請負契約とみなされることもあるので，形式的な確認にならないように注意してほしい。

　ここで，請負契約と準委任契約の違いを整理すると，図表2-8のようになる。

図表2-8　請負契約と準委任契約

	請負契約	準委任契約
役務提供（例）	システム開発を一括で委託	システム企画に関するコンサルティング，要件定義支援，ハードウェアのSE技術支援などの事務処理を委託
定義	請負契約は，当事者の一方（請負人：ベンダ）がある仕事を完成することを約し，相手方（注文者：ユーザ）がその仕事の結果に対してその報酬を支払うことを約する契約（民法632条）	委任契約は，当事者の一方（委任者：ユーザ）が法律行為をすることを相手方（受任者：ベンダ）に委託し，相手方がこれを承諾する契約（民法643条），法律行為でない事務の委託について準用（民法656条）
法的性質	諾成・双務・有償	諾成・片務・無償 ※特約により有償可（民法648条１項）
義務	請負人： ①仕事完成義務 ②完成物引渡義務 注文者： ①報酬支払義務 ②協力義務	受任者： ①善管注意義務（民法644条） ※受任者としての地位に即して要求される注意義務 ②報告義務（民法645条） ※委任者の請求時，委任終了後 委任者： ①報酬支払義務　※特約
債務不履行責任	仕事を完成できなかったとき，または契約不適合のとき	善管注意義務違反のとき
解除	請負人が仕事を完成しない間は，注文者は，いつでも損害を賠償して契約の解除をすることができる （民法641条）	委任者・受任者がいつでもその解除をすることができる （民法651条１項）
再委託	可能 ※再委託を制限する場合は契約書に明記要	委任者・受任者間に合意があれば，復委任は可能 ※同一条件と責任の下に復委任する旨を契約書に明記要
著作権の帰属	請負人に帰属 ※注文者に移転する場合は，契約書に明記要	受任者に帰属 ※委任者に移転する場合は，契約書に明記要

コラム 4

民法〔債権関係〕改正の主なポイント（2020.4.1施行）

☞ 「瑕疵担保責任」から「契約不適合責任」へ

・契約不適合……契約の内容に適合しないこと

　例）システム仕様書との不一致（プログラムの［軽微な］バグは含めない）

・履行追完請求［559条に基づく562条準用］

　※契約不適合が注文者の帰責事由によるものであるときは履行追完請求できない

　※改正前の瑕疵修補請求に相当

☞ 報酬減額請求権の追加［559条に基づく563条準用］

・契約不適合責任に基づく救済手段として①履行追完請求，②損害賠償請求，③契約解除に加え，④報酬減額請求を追加

☞ 損害賠償の帰責事由の明確化［559条に基づく564条準用］

・請負人の帰責事由がなければ損害賠償請求は認められない［民415条1項但書］

　※改正前の瑕疵担保責任は無過失責任

☞ 契約解除の要件の見直し［559条に基づく564条準用］

・注文者が相当期間を定めて履行の追完を催告したにもかかわらず期間内に履行の追完がない場合で，当該契約不適合の程度が軽微でないとき等

　※改正前は，瑕疵によって契約の目的を達することができないとき

☞ 契約不適合責任の期間制限の見直し［637条］

・注文者が契約不適合の事実を知った時から1年以内にその旨を請負人に通知

　※消滅時効は完成物の引渡しの時または仕事の終了時から10年間［166条1項2号］

　※改正前は，注文者に完成物の引渡しの時または仕事の終了時から1年以内に権利行使

☞ 請負報酬請求権の見直し［634条］　※最判昭56・2・17の法制化

・請負人が既にした仕事の結果のうち可分な部分によって注文者が利益を受けるときは，その部分を仕事の完成とみなし，請負人はその利益の割合に応じて報酬を請求することができる

　①注文者の帰責事由にできない事由によって仕事を完成することができなくなったとき

②請負が仕事の完成前に解除されたとき

例）完成した外部設計書を注文者が別の開発ベンダに提供して利用した場
　　合

☞ 準委任における成果完成型の明記

・「委任事務の履行により得られる成果に対して報酬を支払うことを約した
　場合において，その成果が引き渡しを要するときは，報酬は，その成果と
　引き替えに支払わなければならない」と明記（成果完成型）［648条の２］。

「契約締結前の作業着手」はベンダの自己責任?

（1）事件の概要

　ユーザとの契約成立が認められない場合，ベンダは諦めるしかないのだろうか。次は，ユーザにも契約締結前に過失があると判断された裁判事例である（図表2-9）。

裁判事例　3 東京地判平成24・4・16（ウエストロー・ジャパン2012WLJPCA04168001）

訴　え

ベンダ

　ユーザによる業務システム構築事業者の公募に応じて選定され，システム構築に向けて仕様確定等の具体的な作業を進め，複数の再委託先にも発注していた。ところが，ユーザから一方的に業務委託契約を締結しないと通告されたことから，契約締結上の過失に基づく損害賠償等を求めた。

図表2-9　裁判事例3

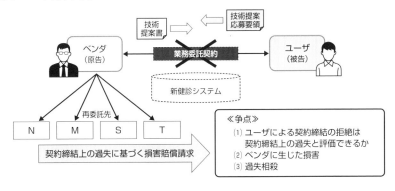

請　求

ベンダ

　［ユーザ］は，［ベンダ］に対し，8794万6425円及びこれに対する平成21年6月13日から支払済みまで年6分の割合による金員を支払え。

判決：主文

1　［ユーザ］は，［ベンダ］に対し，5244万5836円及びこれに対する平成21年6月13日から支払済みまで年5分の割合による金員を支払え。
2　［ベンダ］のその余の請求を棄却する。
3　訴訟費用は，これを5分し，その2を［ベンダ］の負担とし，その余を［ユーザ］の負担とする。
4　この判決の第1項は，仮に執行することができる。

（2）当事者の主張と裁判所の判断

　【裁判事例3】では3つの争点が整理された。ここでは，「争点（1）ユーザによる契約締結の拒絶は契約締結上の過失と評価できるか」と「争点（3）過失相殺」を取り上げて，当事者の主張と裁判所の判断から監査のポイントを検討する。

争点　1

ユーザの契約締結拒絶は契約締結上の過失か？

当事者の主張

ベンダ（原告）

　「契約自由の原則」に基づけば，ユーザはベンダと契約をするか，しないかは自由である。一方，ベンダは，ユーザから契約が締結されない可能性があることを事前に知らされていなかったとして，次のように主張した。

「ユーザが業務委託契約の締結を拒絶したことは，
信義則上の義務に違反し，契約締結上の過失がある。」

> 　取引を開始し，契約準備段階に入った者は，信義則の支配する緊密な関係に立つから，相互に相手方の人格，財産を害しない信義則上の義務を負うものというべきで，これに違反して相手方に損害を及ぼしたときは，契約締結に至らない場合でも，信義則上，相手方において当該契約が有効に成立するものと信じたことによって被った損害の賠償責任が認められるべきである。
>
> 　［ユーザ］は，［ベンダ］に対し，［ベンダ］を本件システムの構築事業者と決定し，…システム構築に向けた具体的作業を進めていたのであるから，本件業務委託契約の締結を前提として開発費用等を支出している［ベンダ］に対して，契約の締結がされない可能性がある旨を事前に告知しなかったり，あるいは，合理的な理由もなく契約の締結を拒絶することによって［ベンダ］に財産的損害を被らせてはならないという信義則上の義務を負っていたものというべきである。

　ユーザの公募に選定され，具体的な作業に入ったのに契約締結を拒絶されたことが，ユーザの契約締結上の過失に該当するかどうかがポイントになる。

ユーザ（被告）

　ユーザは，開発するシステムの仕様や費用が確定しない状況から，やむを得ず，契約締結を断念せざるを得なかったとして，次のように反論した。

「ユーザは契約締結上の過失の責任を負うものではない。」

> 　…業務用コンピュータソフトの作成やカスタマイズを目的とする請負契約は，ベンダーとユーザー間の仕様確認等の交渉を経て，ベンダーから仕様書及び見積書などが提示され，これをユーザーが承認して発注することにより成立に至るのが通常である。
>
> 　そのため，開発するシステムの仕様や請負代金についての合意が得られずに，交渉が長引くことも十分に想定されるところであるが，これらの交渉は全て広い意味で「契約の準備段階」と捉えられるところである。
>
> 　そうであるならば，長期間の交渉を経たとしても結果的に契約締結に至らない場合も十分に想定されるところ，このような場合に契約締結上の過失の理論を広く適用することは，契約自由の原則を不当に制約するものといわざるを得ない。…

本件では，［ユーザ］が［ベンダ］との契約締結を断念した時期においても，①請負契約の要素である「仕事の内容」及び「請負代金」についての合意は，契約締結が可能な程度に成熟した状態にはなく，②その両者，殊に請負代金については確定額が提示される見込みもないことから，やむを得ず合意の見込みがないものとして契約締結を断念した…。

【裁判事例2】でも触れたように，ユーザは，請負契約が成立するための要件のひとつである請負代金，つまり，システム開発費用をベンダから提示されないことから，やむを得ず，契約の締結を断念したと主張している。"やむを得ず"という状況をどのように証拠化できるかが，契約締結上の過失と判断されるかどうかを左右する。

裁判所の判断

裁判所は，ユーザには信頼を裏切って損害を被らせることのないよう配慮すべき義務があるとして，ユーザの契約締結上の過失を肯定し，次のように判示した（図表2-10）。

「ユーザは，業務委託契約の締結を信頼したためにベンダが支出した費用等の損害について不法行為による賠償責任を負う。」

…［ベンダ］としては，…技術提案応募要領に記載されたとおり，選定された構築事業者として見積書記載の見積金額で［ユーザ］との間で本件業務委託契約が締結されるものと信頼して本件システムの構築に向けた具体的作業を行っていたことは明らかであり，…相当の理由があるというべきである。したがって，［ユーザ］は，信義則上，［ベンダ］に対し，…信頼を裏切って損害を被らせることのないよう配慮すべき義務を負っていたものである。

しかるに，［ユーザ］は，…［ベンダ］が［ユーザ］との打合せに基づいて…仕様の確定等の具体的作業を行っており，それに必要な費用を支出していることを認識しながら，［ベンダ］の提出した見積書の見積内容や見積金額に疑問や不満を述べることもなく，これらの作業に協力しており，それにもかかわらず，見積金額の合意成立の見込みがないことを理由として本件業務委託契約の締結を拒絶するに至ったのであるから，そのような［ユーザ］の対応は，上記のような信頼を抱いていた［ベンダ］との関係においては，信義則上の義務に違反したものと認めるのが相当であり…。

図表2-10　契約締結上の過失？

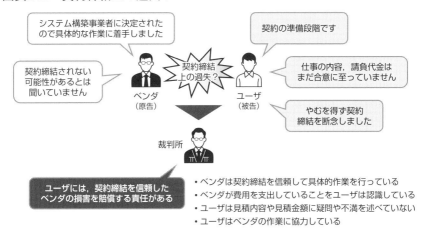

　システム構築事業者として決定されたベンダとの打合せに基づく見積りについて，ユーザは疑問や不満を述べずに協力していたにもかかわらず，金額が折り合わないとして契約締結を拒絶していることから，裁判所は，ユーザに契約締結上の過失があると判断している。ベンダからの提案や見積りなどに対して，ユーザがどのように対応しているかがポイントになる。

争点　2

ベンダには過失があるか？

当事者の主張

ユーザ （被告）

　ユーザは，仮にユーザに契約締結上の過失があり損害賠償責任があるとしてもベンダには過失があるとして，次のように主張した。

「ベンダには重大な過失が認められ，大幅な過失相殺がされるべきである。」

> [ベンダ] のようなシステム開発を熟知した企業であれば，システム開発に着手する前に契約を締結する必要性は十分に認識しており，また，契約が締結できないことも予測することができ，については，無用な損害発生を回避しつつ営業活動することは十分に可能であった。
>
> したがって，[ベンダ] は，[ユーザ] との間で本件業務委託契約を締結していないにもかかわらず，更には，[ユーザ] が正式な発注を躊躇し，本件業務委託契約の締結ができない可能性も認識していながら，独断で…下請業者に業務を発注し，長期間にわたってシステム開発の作業を進めたことにより多額の費用を支出し，それが損害であると主張している…。…下請業者の履行内容も精査することなく多額の費用を支出しており，こうした行為は [ベンダ] 側にのみ帰責事由がある。

　提案や見積りなどをベンダから提示された場合，ユーザとベンダがそれぞれどのような対応をしているか，言い換えると，契約交渉・準備段階におけるユーザとベンダのやり取りを記録として残しているかどうかがポイントになる。

ベンダ （原告）

　ユーザの主張に対して，ベンダは次のように反論した。

「ベンダには全く過失など認められない。」

> [ベンダ] には，全く過失など認められないが，仮に [ベンダ] に過失が認められるとしても，その過失の程度は，[ユーザ] の過失に比して著しく小さいものであり，[ベンダ] の過失割合が１割を超えることはあり得ない…。

　ベンダが主張する過失割合１割の根拠は明らかではないが，ベンダが提案や見積りなどをユーザに提示した後，動きがないユーザに対して，契約締結に向けてどのように促しているかが重要になってくる。

裁判所の判断

裁判所は，ベンダにも落ち度があるとして次のように判示した（図表2-11）。

「ベンダの落ち度を考慮すると過失割合は 2割と評価すべきである。」

> …［ベンダ］が本件システムの仕様がある程度固まってきたことを踏まえて，…見積書を提出しているにもかかわらず，［ユーザ］は，正式な発注を行おうとしない態度を示していたのであるから，［ベンダ］としては，この段階で［ユーザ］に対して正式な発注を促し，［ユーザ］がこれを拒む理由を問い質して，障害となっている事情の除去に努めるべきだったのであり，このような対応を取らなかった点において落ち度があったといわざるを得ない。

　裁判所は，ベンダがユーザに対して発注を促すような働きかけをしているどうかを評価して，ベンダの過失の有無を判断している。

図表2-11　ベンダにも過失はある？

（3） 監査のポイント

①ユーザの契約締結上の過失

【裁判事例3】において裁判所が認定した「**契約締結上の過失**」とは，「契約交渉・準備段階に入った当事者間の関係は特別の取引的関係にあり，相手方に損害を被らせないようにする信義則上の義務を負い，責めに帰すべき言動等の事由が原因で相手方の権利や利益に不利益が生じ，損害を生じさせた場合，その賠償をしなければならない。」という理論である。

契約締結上の過失には，①不能型，②交渉破棄・不成立型，③有効成立型があり，システム開発委託契約などで争点になるのは，主に②交渉破棄・不成立型になる。ユーザが契約を締結しなかったことに契約締結上の過失があると認められると，ベンダはユーザに損害賠償を請求することができる（図表2-12）。

図表2-12 契約締結上の過失

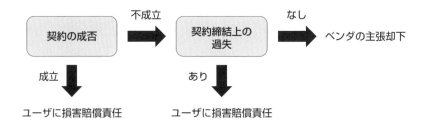

契約締結上の過失として信義則上の義務に反するかどうかを判断するには，例えば，次のような事項が考慮される。

・契約交渉の進捗状況

・先行行為（信頼，積極，黙認など）

・契約交渉のイニシアティブ（期待誘発行為）

・期待挫折原因とその主たる惹起者

・当事者間の従来の関係，取引状況

　【裁判事例3】において，ユーザは，あくまで契約交渉・準備段階であって，ベンダの主張する契約締結上の過失の理論を広く適用することは，契約自由の原則を不当に制約すると主張している。ユーザ側の監査人は，開発するシステムの仕様がまだ十分に決まっていないことや，ベンダに作業着手しないように要請した発言など，ベンダとの契約交渉経過の記録を残しているかどうかを確かめる必要がある。一方，ベンダ側の監査人は，ユーザが作業着手を要請したり，契約締結を期待させたりするような発言など，ユーザとの契約交渉経過の記録を残しているかどうかを確かめる必要がある。

②ベンダの過失

　【裁判事例3】における裁判所の判断を踏まえると，ベンダは，提案書や見積書などをユーザに提示した際，ユーザからの応答を待つのではなく，ユーザの責任者に働きかけることがポイントになる。実務上は，営業担当者がユーザに電話で確認することが多いと思われるが，録音しない限りは証拠として残らないので，ベンダ側の監査人は，ユーザに対して，いつ，何を，誰に提示し，そのあと，どのような対応をとっているかについて，書面や電子メールなどの証拠資料で確かめる必要がある。

　また，ベンダとユーザとの間で開催された打合せに再委託先ベンダの担当者が同席していたことが事実認定されている。ユーザの承諾・指示に基づき，再委託先にシステム開発やハードウェア製品を発注したとベンダが主張していることに対して，ユーザは，ベンダに責任があるとして，過失相殺を主張している。通常，業務委託契約には再委託禁止や事前承認などの再委託条項規定があるが，ユーザとの間で契約が締結されていない状況で再委託先と契約することにはリスクがある。例えば，「再委託先と契約する場合には，ユーザとの契約締結が必要である」というルールに従っているかどうかを確かめる必要がある。やむを得ず，ユーザとの契約締結前に再委託先ベンダの確保を急ぐ必要がある場合は，ユーザの承認や指示を示す証拠資料があるかどうか確かめることが重要になる。

監査人がみるポイント

- ●契約を急ぐベンダ，慎重なユーザ。契約締結前の打合せの目的を明確にする。
- ●契約は口頭でも成立する。「契約締結上の過失」に注意！
- ●契約締結前の作業着手は，相手方との合意に基づく。

第3章

要件定義段階における
監査のポイント

　システムは，要件（仕様）が明確にならないと開発することは難しい。また，システム開発プロジェクトが遅延する原因の多くは，要件の決定遅れにある。そこで，本章では，開発するシステムの要件確定に関わる裁判事例を題材にして，要件定義段階において監査で確かめるべきポイントを解説する。

本章の内容

- ▶ 「仕様凍結」とはどこまでの範囲？
- ▶ 「パッケージベース」で開発する目的は何か？
- ▶ 「現行システムの機能をすべて満たす」とはどのような意味か？

「仕様凍結」とはどこまでの範囲?

(1) 事件の概要

　システム開発の最初の工程は"要件定義"である。ところが，システム開発プロジェクトの遅延理由の上位には，「要件仕様の決定遅れ」，「要件分析作業不十分」が挙がっている（図表3-1）。要件定義工程は，システム開発プロジェクトで最も重要な工程といってもよく，システム開発の監査で確かめるべき工程である。

図表3-1　システム開発プロジェクトの遅延理由

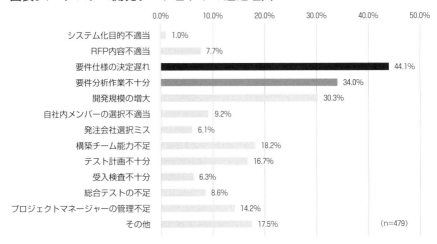

出所：日本情報システム・ユーザー協会「ソフトウェアメトリックス調査2016」（2016年）に基づき
　　　筆者作成。

　要件定義工程は，文字通り，ユーザがシステム化したい要件を明確にして定義する工程である。ユーザにとっては，システムで実現したいことがいろいろあって，夢と期待が膨らむ。だからこそ，最も重要でかつ難しい工程でもある。

　システム開発プロジェクトが破綻して訴訟にまで至った事案の多くはベンダが敗訴しているが，ここでは，パッケージソフトウェア（以下，「パッケージ」という）をベースにしたシステム開発が失敗し，ユーザにも責任があると判示された裁判事例を取り上げる（図表3-2）。なお，第4章で別の争点についても取り上げているので，併せて参照してほしい。

裁判事例　4　第一審：旭川地判平成28・3・29 判時2362号64頁＜参考収録＞
控訴審：札幌高判平成29・8・31 判時2362号24頁

訴　え

ユーザ（第1事件）

　ユーザ，ベンダおよびリース会社は，ベンダがユーザの病院情報管理システムを構築し，リース会社をその所有者としてユーザに本件システムをリースすることを目的とする契約を締結した。しかし，ベンダが納期までに本件システムの完成および引渡しをしなかったことから，ユーザに逸失利益等の損害が生じたとして，上記契約の債務不履行に基づき，損害賠償等を求めた。

ベンダ（第2事件）

［主位的請求および第1次予備的請求］

　本件システムの完成および引渡しが遅れたことにつきベンダに帰責性はないのに，ユーザの協力義務違反および無効な解除の意思表示を前提とする不当な受領拒絶により，ベンダは上記契約に基づく完成義務を履行し得なくなったことから，リース会社から本件システムの売買代金が得られなくなったなどとして，主位的に上記契約の債務不履行に基づく損害賠償等を求め，予備的に不法行為に基づく損害賠償等を求めた。

［第2次予備的請求］

　本件システムの開発において，本来は契約上開発の対象外であった「仕様外カスタマイズ」に関する業務を，ユーザからの要請を受け，商人であるベンダがその営業の範囲内で行ったとして，商法512条（報酬請求権）に基づき，支払等を求めた。

図表3-2 裁判事例 4

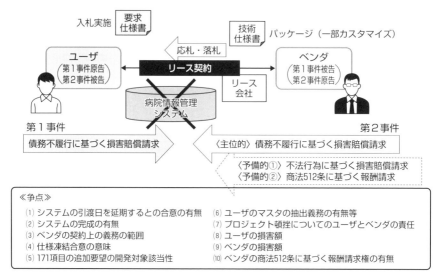

≪争点≫
(1) システムの引渡日を延期するとの合意の有無
(2) システムの完成の有無
(3) ベンダの契約上の義務の範囲
(4) 仕様凍結合意の意味
(5) 171項目の追加要望の開発対象該当性
(6) ユーザのマスタの抽出義務の有無等
(7) プロジェクト頓挫についてのユーザとベンダの責任
(8) ユーザの損害額
(9) ベンダの損害額
(10) ベンダの商法512条に基づく報酬請求権の有無

◆第一審◆

請　求

ユーザ（第 1 事件）

　［ベンダ］は，［ユーザ］に対し，19億3567万9067円及びこれに対する平成22年 4 月27日から支払済みまで年 6 分の割合による金員を支払え。

ベンダ（第 2 事件）

（1）主位的請求（債務不履行に基づく損害賠償請求）
　　［ユーザ］は，［ベンダ］に対し，22億7976万3373円及びこれに対する平成22年 9 月 3 日から支払済みまで年 6 分の割合による金員を支払え。
（2）第 1 次予備的請求（不法行為に基づく損害賠償請求）
　　［ユーザ］は，［ベンダ］に対し，22億7976万3373円及びこれに対する平成22年 4 月27日から支払済みまで年 5 分の割合による金員を支払え。
（3）第 2 次予備的請求（商法512条に基づく報酬請求）
　　［ユーザ］は，［ベンダ］に対し，22億5960万6269円及びこれに対する平成22年 9 月 3 日から支払済みまで年 6 分の割合による金員を支払え。

判決：主文

1　［ベンダ］は，［ユーザ］に対し，3億6508万5426円及びこれに対する平成23年4月2日から支払済みまで年6分の割合による金員を支払え。

2　［ユーザ］は，［ベンダ］に対し，3億8386万1689円及びこれに対する平成22年9月3日から支払済みまで年6分の割合による金員を支払え。

3　［ユーザ］及び［ベンダ］のその余の請求をいずれも棄却する。

4　訴訟費用は，第1事件，第2事件を通じてこれを2分し，それぞれを各自の負担とする。

5　この判決は，第1項及び第2項に限り，仮に執行することができる。

◆控訴審◆

請　求

ユーザ（第1事件）

（1）原判決を次のとおり変更する。

（2）［ベンダ］は，［ユーザ］に対し，19億3567万9067円及びこれに対する平成22年4月27日から支払済みまで年6分の割合による金員を支払え。

（3）［ベンダ］の請求をいずれも棄却する。

（4）訴訟費用は，第1，2審とも［ベンダ］の負担とする。

（5）仮執行宣言

ベンダ（第2事件）

（1）原判決を次のとおり変更する。

（2）主位的請求（債務不履行に基づく損害賠償請求）

　　［ユーザ］は，［ベンダ］に対し，22億7976万3373円及びこれに対する平成22年9月3日から支払済みまで年6分の割合による金員を支払え。

（3）第1次予備的請求（不法行為に基づく損害賠償請求）

　　［ユーザ］は，［ベンダ］に対し，22億7976万3373円及びこれに対する平成22年4月27日から支払済みまで年5分の割合による金員を支払え。

（4）第2次予備的請求（商法512条に基づく報酬請求）

　　［ユーザ］は，［ベンダ］に対し，22億5960万6269円及びこれに対する平成22年9月3日から支払済みまで年6分の割合による金員を支払え。

（5）［ユーザ］の請求を棄却する。

（6）訴訟費用は，第1，2審とも［ユーザ］の負担とする。

判決：主文

1　［ユーザ］の控訴を棄却する。
2　［ベンダ］の控訴に基づいて，原判決を次のとおり変更する。
3　［ユーザ］の請求を棄却する。
4　［ユーザ］は，［ベンダ］に対し，金14億1501万9523円及びこれに対する平成22年9月3日から支払済みまで年6分の割合による金員を支払え。
5　［ベンダ］のその余の請求をいずれも棄却する。
6　訴訟費用は，第1，2審を通じて3分し，その2を［ユーザ］の，その余を［ベンダ］の各負担とする。

（2）当事者の主張と裁判所の判断

　【裁判事例4】では10の争点が整理された。ここでは，要件定義に関わる「争点（3）ベンダの契約上の義務の範囲」における要件定義書等の提出義務の有無と「争点（4）仕様凍結合意の意味」を取り上げて，当事者の主張と裁判所の判断から監査のポイントを検討する。なお，ベンダのプロジェクトマネジメント義務とユーザの協力義務に関わる争点（6），争点（7）については第4章で検討する。

争点　1

ベンダの要件定義書等の提出義務の有無

◆第一審◆

当事者の主張

ユーザ（第1事件原告，第2事件被告）

　ユーザは，入札実施時に提示した要求仕様書の記載事項などを根拠に，次のように主張した。

「ベンダは要件定義書等の提出義務を負う。」

　… ［ユーザ］は，本件要求仕様書において，要件定義書及び外部設計書の提出を入札者に義務付けており，本件要求仕様書等には，パッケージ標準機能についてこれらの提出を免責する記載はない。

　… ［ユーザ］，［ベンダ］ともに，仕様項目がパッケージ標準機能の提供又は他病院機能の移植で必要十分かを判断することができていない。そこで，WGにおいて要件定義をするのであるし，その結果を要件定義書及び外部設計書という書面で確認する必要がある。

　…カスタマイズ部分が存在すれば，それ以外の部分についても少なからぬ影響を及ぼすことがあることから，本件システムの全体像を［ユーザ］が把握するためには，仕様全てについて［ベンダ］は要件定義書と外部設計書を提出する必要があった。

　ベンダが提示した技術仕様書には，提案範囲外の項目を除いて，提案パッケージ標準機能で実現できる要件（分類1），ほかで稼働実績のある機能を提案パッケージに移植して提供する要件（分類2），提案パッケージをカスタマイズして提供する要件（分類3）に分類されていた。これは，本章2で解説するFit＆Gap分析である。ただし，あくまで要求仕様書に記載されている要件からベンダが提案ベースで分析，作成したものに過ぎず，ユーザは，分類1，分類2，分類3のすべての要件を確認するために要件定義書が必要だと主張している（図表3-3）。

図表3-3　要件定義書の範囲は？

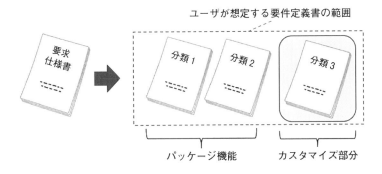

ベンダ （第1事件被告，第2事件原告）

　ベンダは，パッケージが提供する機能をベースにした要件定義であるとして，次のように主張した。

「一般的な意味での要件定義書をベンダが作成する義務はない。」

> 　一般的に，要件定義とは実装すべき機能や満たすべき性能等を明確にしていく作業をいい，その成果物として作成される，実装すべき機能や満たすべき性能などを明記した書類が要件定義書とされる（本件でこの意味での要件定義書に当たるものは本件要求仕様書等である。）。
>
> 　しかしながら，本件プロジェクトにおいて「要件定義」といわれていた工程（以下「本件要件定義工程」という。）は，上記の一般的な意味での要件定義とは異なり，本件要求仕様書等の要求仕様に対する回答として本件技術仕様書に仕様項目ごとに記載した仕様がどのように実現されるのかについて，分類1，2の仕様については主としてデモ機を用いてパッケージ標準機能及び他病院移植機能を紹介しながら［ユーザ］がその内容を確認する作業であり，分類3の仕様については画面イメージ等を用いて［ユーザ］がその内容を確認する作業である。そのため，プロジェクト計画書において本件要件定義工程の成果物とされている要件定義書…も，上記の一般的な意味での要件定義書とは異なる。…そして，各WGにおいて配布された資料を全てまとめると，本件要件定義工程における成果物となる。…

　要件定義工程の成果物イメージがベンダとユーザで大きくずれている。パッケージが提供する機能をベースにカスタマイズする場合の要件定義書の位置づけをどうするかがポイントになる。

裁判所の判断（第一審）

　第一審の裁判所は，要件定義書の提出義務の有無について，次のように判示した（図表3-4）。

「ベンダの主張を採用することはできない。」

　…本件要求仕様書には，［ユーザ］が落札者に対し基本設計資料，実装設計資料及び承認仕様書の提出を求め，［ユーザ］の承認を受けることが必要であると記載されており，［ベンダ］はこの条件を応諾して入札し，落札者として本件原契約を締結したものである。［ベンダ］は，入札に当たり，提案補助資料…を［ユーザ］に提出しているが，…同資料には，［ベンダ］が，ワーキングの結果を取りまとめて要件定義書及び外部設計書を提出する旨記載されている。…

　…［ベンダ］が［ユーザ］に交付したプロジェクト計画書…及び品質保証計画書…においても，分類について特段の限定を付すことなく，…要件定義工程の成果物として要件定義書が，基本設計工程の成果物として画面設計書等が作成され，専門部会等においてレビューされる旨の記載がある…。

　…本件要求仕様書に記載されたとおり，［ベンダ］が基本設計資料，実装設計資料等を作成し［ユーザ］の承認を得る義務を負っていたと解されるのであって，要件定義書もこれらの資料に該当するものとして［ユーザ］の承認を得ることが当然に予定されていたというべきである。［ユーザ］としては，本件システムの納品を受け，これを運用していくことになるのであるから，本件システムがどのような機能を有しているのかを一覧できる書面を求めることは当然であって，これをWGで配布される資料をもって代替するということはおよそ考え難いし，本件解除がされるまでの一連の事実経過に照らしても，［ベンダ］がそのようなことを提案したことや，［ユーザ］がこれを了承したことをうかがわせる事情は全く見当たらない。

図表3-4　要件定義書の提出義務？

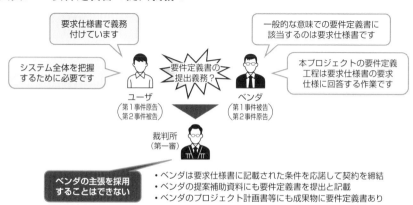

61

　本事案は入札案件であり，ユーザが作成した要求仕様書で求めている要件定義書は，個別開発の場合を含めた一般的な意味で定義されている。応札するベンダがどのようなシステムを提案するか入札前にはわからないので当然といえる。一方，落札したベンダが作成したプロジェクト計画書に記載されている要件定義書は，具体的なパッケージに一部カスタマイズで開発することを前提に作成する成果物の位置づけである。同じ「要件定義書」という名称の成果物であっても，その意味合いが違っている。ユーザとベンダでお互いが都合のよいように解釈していることが争いになった原因のひとつといえる。

◆控訴審◆

　第一審の裁判所は，ユーザに2割，ベンダに8割の責任があるとして，ベンダからユーザに約3億6500万円，ユーザからベンダに約3億8300万円をそれぞれ支払うよう判示し，痛み分けの判決であった。第一審の判決を不服としたユーザとベンダはそれぞれ控訴し，争点1について第一審と同様の主張をした。これに対して，控訴審の裁判所は，第一審の判決とは異なり，次のように判示した（図表3-5）。

裁判所の判断（控訴審）

**「要件定義書等はいずれも分類3についてのものを
指すと解すべきである。」**

　要求定義とは，一般に，ユーザの業務に存在する問題を洗い出し，その解決方法などユーザがシステムに要求する内容を整理することをいう。…これに対し，要件定義とは，要求定義を踏まえ，当該システムにおいて実装すべき項目を明確にして整理する作業をいう。そして，要件定義の結果整理された項目を文書化したものを要件定義書という。…

　また，外部設計（基本設計ともいう。）とは，一般に，システムが持つべき機能や性能，構成など，システムを外部から見た時のシステムの振る舞いや構成を定義することをいう。そして，外部設計の成果を文書化したものを外部設計書という。…

　…要件定義書等は，一から新たに開発するオーダーメイド型の開発において必要とされる書類であり，既に完成しているソフトウェアについては，特に必

要のない書類である。…分類１及び２についてはパッケージ標準機能及び他病院機能の移植によるものとされ，カスタマイズは予定されていなかった。…

　そして，本件要求仕様書等を踏まえて作成された本件技術仕様書…は，当該システムにおいて実装すべき項目を明確にして整理した要件定義書に当たるものであって，カスタマイズを予定していなかった分類１及び２については，これとは別に「要件定義書」というタイトルの書面を新たに作成することはおよそ必要がなく，本件において予定されていなかったものというべきである。また，カスタマイズを予定していないことからすると，外部設計書の作成も全く意味のないことである。…

　…およそ作成の必要性が認められない部分についてまで網羅した「要件定義書」又は「外部設計書」というタイトルの書面の作成を約束していたものとは認められない。

図表3-5　控訴審では判断が覆った

裁判所
（控訴審）

要件定義書等は
分類３のものを指す

・要件定義書はオーダーメイド型の開発で必要とされる書類
・要求仕様書を踏まえた技術仕様書がある
・カスタマイズを予定しない分類１，分類２についてまで，
　要件定義書を作成する必要性はない

　裁判所は，要件定義とはそもそも何か，その成果物となる要件定義書の意味は何かを明確にしたうえで，本事案に当てはめて判断している。個別に開発する場合とパッケージベースの場合の要件定義には違いがあることについて，ユーザとベンダの認識が食い違ったままであったことに問題があった。

争点 **2**

仕様凍結合意の意味

◆**第一審**◆

当事者の主張

ユーザ（原告）

　ユーザは，仕様凍結の意味についてベンダからの説明はなかったとして，次のように主張した。

「仕様凍結合意とは新しい機能の開発要求をしないという意味である。」

> 　…［ベンダ］は開発手法としてウォーターフォールモデル…を採用したにもかかわらず，…要件定義書及び外部設計書を…提出しておらず，…専門部会の承認も当然得ていない。…提出された…カタマイズ（注：原文ママ）要望一覧は，新規開発範囲とカスタマイズをすることで合意された個々の仕様に関するものの一部にすぎず，［ユーザ］において全体像を把握し得るものではなかった。…カスタマイズ後の画面・帳票サンプルが提出されていないなどの事態も生じていた。…［ベンダ］担当者らは，本件仕様凍結合意により開発が決まった機能に係る要望が，画面周りを含め，一切許されないという説明はしなかった。…例えば機能の開発要求ではない画面周りの要望は当然に許されるものであった。

　ウォーターフォールモデルによるシステム開発の業務委託は，請負契約になることが多い。最上流の要件定義工程で要件が確定するので，開発に求められる品質，費用，期間（納期）が明確になる。ユーザからみれば費用が確定するので追加費用はかからないし，システムの完成をベンダの義務にできる。ベンダからみれば，売上金額が確定し，請負契約なので誰がどこで開発をしてもよく，社内要員よりも単価の安い外部ベンダに委託（ユーザからみれば再委託）することもできる。

　一方で，ユーザは，せっかく費用をかけてシステムを開発するのだからと，いろいろと要件を挙げたいし，実際，挙げ続けることが多い。本事案では，要件の全体を把握できる成果物がなく，仕様が確定できない以上，ユーザは

カスタマイズ開発が決まった機能については要望を出せると認識していた。

ベンダ （被告）

ユーザの主張に対して，ベンダは次のように反論した。

「仕様凍結合意とは，ユーザが
新たな追加要望をできないことを意味する。」

> …仕様凍結後は，…凍結された仕様に沿って設計及び開発が行われるはずであった。… ［ユーザ］は…追加要望があるとしても，仕様凍結までに，［ベンダ］の提案したシステムの仕様を確認し，要望を全て出し尽くすべきであった。
> そうすると，本件仕様凍結合意とは，導入が合意されたカスタマイズ機能の開発を［ベンダ］が行うということのみならず，［ユーザ］は，それ以降，［ベンダ］に対し，新たな追加要望を行うことができないことを意味する。

　ベンダは，納期に間に合うようにシステムを開発しなければならないので，一刻も早く要件を確定したい（実務では"要件を固める"とよく言っている）。ベンダとユーザのスタンスの違いが争いの種となる。ユーザの関与度合いが多く，作業工数が変動して読めないような要件定義，データ移行，ユーザテストなどの工程は，ベンダだけの裁量で進めることが難しいので，請負契約よりは準委任契約にしたほうがよい。

コラム 5

アジャイル型開発

　「アジャイル型開発」（agile software development）はシステム開発手法のひとつであり，機能単位で「要件定義→設計→開発→テスト→リリース」のサイクル（イテレーション，スプリント）を繰り返しながら，徐々にシステムを完成させていくのが特徴である。ウォーターフォールモデル開発では，開発期間が長くなったり，開発途中での要件変更が困難になったりするなどのデメリットがある一方，アジャイル型開発であれば，機能毎の開発を短期間で繰り返すので，要件の追加や変更が受け入れやすいなどのメリットがある。

しかし，システムの完成時期が定まらない，開発工数が膨らむ，非機能要件
をなかなか確定できないなどのデメリットもあるので，監査対象のシステム
開発手法がアジャイル型開発である場合は注意が必要である。

　なお，IPAと経済産業省がアジャイル型開発におけるモデル契約書を公開し
ているので，参考にするとよい。

裁判所の判断（第一審）

　裁判所は，ウォーターフォールモデルによる開発であることなどを踏まえ
て，次のように判示した（図表3-6）。

「ユーザの主張を採用することはできない。」

　…「仕様凍結」という用語自体，…開発すべき仕様を確定し，以後これを変
更しないことを意味するものと解するのが，その文言からして自然である。そ
して，システム開発が，画面や帳票等に関する軽微な変更であっても，他の部
分に影響し，結果として開発の工数や費用が増大する可能性があるのであるか
ら…，「仕様凍結」後には，新たな機能の開発要求はもちろん，画面や帳票，更
には操作性に関わる開発要求…は，基本的には許されないものと解するのが合
理的である。…

　…ウォーターフォールモデルが採用されているのであるから，仕様凍結後に
新たな開発要求が出され，そのために要件定義工程や外部設計工程をやり直す
ことは，基本的には想定されていないというべきである。…［ベンダ］が…キ
ックオフ以来複数回にわたって［ユーザ］に交付したマスタスケジュール等に
おいても，要件定義及び外部設計が終了した段階で「仕様凍結」とされ，その
後は開発工程に進むものとされている…。…

　…［ユーザ］が，本件仕様凍結合意の前に本件システムの要件定義書や外部
設計書の全てを確認していなかったとしても，変更後の運用開始日までに本件
システムを完成させることを最優先にするという判断の下，パッケージを信頼
して，未確認部分についても一切の追加開発要望は出さないことを受け入れる
ことも，あながち不合理な意思決定とはいえない。このように解さずに，本件
仕様凍結合意の後にも追加開発要求が許されるとすると，［ベンダ］は本件シス
テムの完成までに要する時間や費用を予測することができず，際限のない追加
費用の負担に応じざるを得なくなるおそれもあるのであって，このような事態
はおよそ合理的とはいえない。

図表3-6 仕様凍結合意の意味

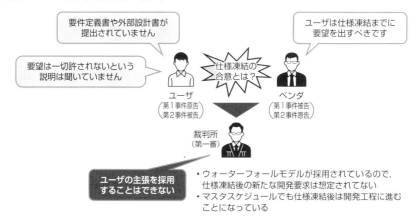

　裁判所は，ウォーターフォールモデルによる開発の進め方やベンダが作成したマスタスケジュールの記載内容などを踏まえて，仕様凍結合意の意味を判断している。仕様合意を歪める要因を押さえることがポイントになる。

◆控訴審◆

　ユーザとベンダはともに，控訴審でも争点２について第一審と同様の主張をした。これに対して，控訴審の裁判所は次のように判示した（図表3-7）。

裁判所の判断（控訴審）

**「仕様凍結合意後も追加開発要望を出すことが
禁止されてはいなかった旨のユーザの主張は採用できない。」**

> …本件技術仕様書によって開発対象が基本的には明確になっていたし，…［ベンダ］は，未だ合意できていなかった…機能を除き，…作成すべき画面イメージや帳票サンプル等の確認及び承認を得ていたのであって，要件定義書等の提出がなかったからといって，要件定義工程が終了していなかったということはできず，また，追加開発要望が出せると［ユーザ］が期待していたとしても，その期待は合理的なものであったということはできない。…
> 　…ベンダにおいて，開発したシステムの内容の確認をユーザに求めることは当

然のことであって，だからといって，ユーザからなされる追加開発要望を受け入れることをベンダが許容していたということはできない。

また，［ユーザ］は，本件仕様凍結合意後も，［ベンダ］が［ユーザ］の指摘を受けて修正を行うなどした事実があった旨を指摘するが，これは，［ユーザ］による追加開発要望を［ベンダ］が拒否し切れなかったというにとどまり…，［ベンダ］が本件仕様凍結合意後に出される追加開発要望に応じる義務を有していたことを裏付ける事実ということはできない。…

…電子カルテ化が［ユーザ］にとって喫緊の課題であったことは，［ユーザ］自身が主張しているところであり…，本件システムの運用開始を実現するために，開発範囲を絞る旨の仕様凍結合意をする必要性は，［ユーザ］の側にも強く存在していたというべきである。…

…［ユーザ］自身，本件仕様凍結合意が今後一切の追加開発要望を出さないという合意であると認識していたことは，…［ユーザ］による追加開発要望のために本件システム開発が遅れており，開発対象に取り込むべき開発要望の精査を行ってきた結果本件仕様凍結合意に至った経緯…などに照らして明らかである。もっとも，現場の医師らには，そのような認識が必ずしも浸透していたとはいえず，これが本件の紛争の根本的な原因の一つとなっていた…が，これは，［ベンダ］ではなく，［ユーザ］の責任というべきである。

図表3-7 控訴審でも同様の判断

裁判所
（控訴審）

ユーザの主張は
採用できない

- 技術仕様書によって開発対象は明確
- 画面イメージ，帳票サンプルを確認し，承認している
- ベンダはユーザの指摘を修正したのは拒否し切れなかっただけ
- ユーザも開発範囲を絞る必要性があった
- ユーザの現場に仕様凍結の認識が浸透していなかった

仕様凍結合意の意味については，控訴審も第一審と同様であった。裁判所は，ユーザから要求仕様書が提示されていること，ベンダから技術仕様書が提示されていること，画面イメージや帳票サンプルのユーザ承認があることなどを踏まえて，要件定義書に代わる成果物があると判断している。

（3）監査のポイント

①業務要件とシステム機能要件

　システム開発における"要件定義工程"の定義は一意には定まらないが，例えば，「ユーザが実現したいビジネスやサービス提供などの業務（**業務要求**）のうち，システムで対応する部分（**業務要件**）を明確にし，具体的に必要となるシステムの機能（**システム機能要件**）を確定する工程」である（図表3-8）。

図表3-8　業務要件とシステム機能要件

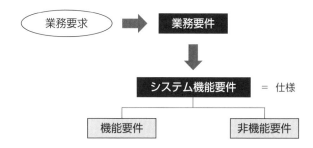

　また，システム機能要件には，画面や帳票，データなどの「**機能要件**」と，セキュリティや運用，性能面などのシステム全体に関わる「**非機能要件**」があり，例えば，図表3-9のような項目が挙げられる。

図表3-9　機能要件と非機能要件（例）

機能要件	
処理（プロセス）	実現する機能
データ	処理するデータと処理内容
インタフェース	画面，帳票
非機能要件　※非機能要求グレードの6大項目	
可用性	・運用スケジュール，障害・災害時における稼働目標
性能・拡張性	・業務量および今後の増加見積り ・システム化対象業務の特性（ピーク時，通常時，縮退時など）
運用・保守性	・運用中に求められるシステム稼働レベル ・問題発生時の対応レベル
移行性	・新システムへの移行期間および移行方法 ・移行対象資産の種類および移行量
セキュリティ	・利用制限 ・不正アクセスの防止
システム環境・ エコロジー	・耐震／免震，重量／空間，温度／湿度，騒音など，システム環境に関する事項 ・CO_2排出量や消費エネルギーなど，エコロジーに関する事項

出所：IPA「非機能要求グレード2018」（2018年4月）に基づき筆者作成。

②仕様の合意形成を歪める要因

　図表3-1でみたように，「要件仕様の決定遅れ」や「要件分析作業不十分」がシステム開発プロジェクト遅延の理由の上位であることを踏まえると，要件定義がうまくいかない要因を押さえることが重要になる。そこで，仕様（要件）の合意形成を歪める要因に何があるかを考えることで監査のポイントがみえてくる（図表3-10）。

図表3-10　仕様の合意形成を歪める要因

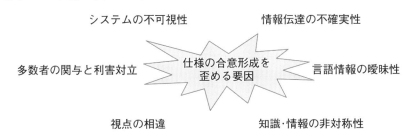

a．システムの不可視性

　システム開発は，住宅などの建築と対比されることがある。どちらも要望する仕様を踏まえて作り上げていくという点では同じであるが，最も異なる点を挙げるとすれば，成果物が可視化できるかどうかである。建築の場合は，外観，平面図や間取り，材質などを基に，具体的な成果物（建物）がイメージでき，どの程度まででき上がっているのかもわかり，触ることもできる。一方，システムはみることも触ることもできない。ウェブサイトの画面をみたり，タブレットを触って操作したりすることはできるが，それはシステムを構成するインタフェースの一部でしかない。システムに可視性がほとんどないことから，ユーザがイメージする成果物（システム）の仕様を正確にベンダと合意するには，困難を伴う。

b．情報伝達の不確実性

　ユーザがシステムの仕様（要件）をベンダに伝える場合，ユーザとベンダとの間の伝達手段は主に言語情報を用いて行われる。ユーザは，システムで実現したい要件を口頭あるいは文字（文書）による言語情報を用いて説明する。ベンダは，その内容を口頭あるいは文字（文書）でユーザに確認しながら，要件定義書などにまとめ，ユーザはその内容を確認する。このような作業を繰り返して，システムの仕様が合意されていく。しかし，システムには可視性がないことから，システムの主要部分である機能や性能などを言語情報で伝達，確認し，ユーザとベンダとの間で齟齬なく共有するには限界がある。

c．言語情報の曖昧性

　ユーザとベンダは，言語情報で伝達されるシステムの仕様について，それぞれが想定するイメージで確認するので，認識の離齬がなかなか表面化せず，曖昧なままになってしまう。異なる意味に解釈していても，相手方も同じ意味で解釈していると思い込んでしまう。また，複数のユーザ部門からの要件も表現の仕方が微妙に違ってくる。常識であって当たり前と思っていることや例外処理などについては，いちいち説明しないことも多く，ユーザは，要件が正しくベンダに伝わっていると思い込みやすい。ユーザが要件を正確に漏れなく，例外的なことも含めて伝え，ベンダがその内容を認識の違いなく把握するのはなかなか難しい。

d．知識・情報の非対称性

　システムの開発や運用には専門的な知識・情報が必要になる。ユーザは，システムの専門的な知識・情報がないからこそ，専門家であるベンダに委託している。ベンダは，システムの開発や運用を受託するために技術力をアピールし，ユーザは，ベンダの専門性，技術力に期待をして発注する。このように，ユーザとベンダには，"システムに関わる専門的な知識・情報の非対称性"がある。

　一方，"ユーザ業務に関わる知識・情報の非対称性"もある。システムの仕様に関わるユーザ固有業務の知識・情報，業界特有の慣行などは，ベンダが保有する標準的な知識だけでは対応できない。だからこそ，要件を定義するのであるが，ユーザはすべての要件を事細かく説明するわけではない。ユーザから積極的な情報提供がない限り，ベンダが把握することは難しくなる。

e．視点の相違

　ベンダは，システムの完成時期へのカウントダウンがはじまっていて，残された時間が限られていることから，一刻も早く，システムの仕様を合意したいと考えている。ベンダの視点は，システムの仕様合意にある。一方，ユーザがシステムの仕様を考えるとき，その視点は，完成したシステムを実際に使いはじめているところにある。システムが完成するまでの間，言い換えれば，ベンダがシステムを開発している間は，まだ，準備段階と考えるので，

この視点の違いが仕様の合意を阻む要因のひとつになる。

f．多数者の関与と利害対立

システム開発に関わるユーザには，経営陣，システムを利用する複数の業務部門，ベンダの窓口となるシステム部門などがある。業務部門は自部門のことを中心に考える傾向にあるので，業務部門間で利害が対立しやすい。経営陣の意向と業務部門の意見が合わないこともある。現行システムに対する不満から業務部門とシステム部門が不仲になることも多い。このような対立があると，システムの仕様についてユーザ内部の意思統一がなかなかできない状況になる。

一方，システムを開発するベンダにも，プロジェクトマネージャをはじめとして，開発チームのメンバ，営業担当者，再委託先ベンダなどが関与する。大規模なシステム開発プロジェクトになると，ベンダの経営陣がプロジェクト責任者になることもある。これらの関与者が有機的に一体となって，システムの仕様について共通認識をもつことは容易ではない。

③要件定義工程における成果物

システムの仕様に関する合意内容を判断するには，まず，契約書などに仕様の合意についてどのように定められているかを確認する必要がある。通常は，「要件定義書」などが成果物として定められていることが多い。契約書などの記載と整合する文書が存在し，ユーザが内容を確認し，承認していることがあるべき姿といえる。しかし，【裁判事例４】における技術仕様書のように，要件定義書と実質的に同等の内容の文書も成果物となり得る。要件定義工程の成果物として"要件定義書"という名称の文書が必須というわけではない。要件を明確にしている文書が存在し，ユーザが承認していることが重要であり，契約書に記載された成果物に相当する実質的な文書を評価する必要がある。

例えば，打合せ議事録の記載や電子メールの内容は，仕様の合意有無を判断する証拠資料になる場合がある。ただし，無用な争いを避けるためにも，要件定義工程での成果物を明確にして，内容を確認した上，承認した記録を

残すようにしておくほうがよい。

④要件定義書の承認

　要件定義が終わり，要件定義書ができあがったとしても，まだ油断は禁物である。すべての要件を事細かく記述するのは困難であり，どうしても行間ができてしまう。ユーザが当然と思い込んでいることについては，要件定義書に書かれていなくても違和感がなく，レビューでもOKになってしまう。要件定義で確定した内容であっても変更できるとユーザが思ってしまうこともある。ベンダは，ユーザが要件定義書を承認しているからといって，必ずしも要件が漏れなく書かれているわけではないことに留意するとともに，ユーザの誰が要件定義書の内容を確認しているかに注意する必要がある。要件定義書の承認は，必要条件であっても十分条件ではない。

コラム　6
オレゴン大学の実験

　ユーザからの要求事項は絶対なものではないということを示した例に有名な「オレゴン大学の実験」がある。利用者が本当に要求していたものは何だったのか，要件定義は難しいということを象徴している（図表3-11）。

図表3-11　ユーザからの要求事項は絶対なものではない

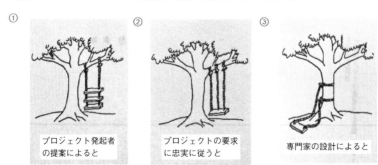

① プロジェクト発起者の提案によると
② プロジェクトの要求に忠実に従うと
③ 専門家の設計によると

---

④

企画製作者の案によると

⑤

利用者の立場に立つと

⑥

利用者の要求していたもの

①利用者の説明を聞いて，プロジェクトの発起者がイメージした「木にぶら下がった3段のブランコ」

②プロジェクトの発起者の説明を聞いたプロジェクトリーダが理解したブランコ

③プロジェクトリーダの説明から専門家が設計したブランコ

④プログラマーが作成したブランコ

⑤利用者に納入されたブランコ

⑥利用者が本当に求めていたブランコ

出所：クリストファー・アレグザンダー他著，宮本雅明訳『オレゴン大学の実験』（鹿島出版会，1997年，52-53頁）。

　さらに付け加えると，ユーザの要望の認識は必ずしも統一されているとは限らない。担当者，部門，組織全体の要望はそれぞれ違ってくる。特に，一担当者の要望には自分の作業が楽になるようなものもあり，それは本来，システム化の対象ではない可能性がある。ユーザの承認があるからといっても，本当に必要な要望であるかどうかに留意する必要がある。

「パッケージベース」で開発する目的は何か？

（1）事件の概要

　パッケージをベースとしたシステム導入においては，パッケージの標準機能として提供される部分がユーザの業務要件やシステム機能要件とどの程度適合するかが重要になる。パッケージ機能が業務要件などと合っていないと使いものにならない。また，業務要件などにパッケージを合わせるために大幅なアドオン開発で機能を追加してしまうと，パッケージとは呼べなくなってしまう。標準機能をできる限りそのまま利用することで，品質の高いシステムを短期間，低コストで導入できるのがパッケージのメリットである。ここでは，ユーザの業務要件とパッケージの標準機能との差異が瑕疵に当たるかどうかが争われた裁判事例を取り上げる（図表3-12）。

裁判事例　5　東京地判平成22・12・28 判タ1383号241頁

訴　　え

ベンダ（本訴）

　ユーザとの間で，パッケージソフトウェアの使用許諾，保守，導入支援業務およびアドオン開発業務の各契約を締結した。各契約に基づいて，パッケージソフトウェアの使用権を付与し，保守サービス，導入支援業務およびアドオン開発業務を提供，完成し，また，ユーザが新たに要求した追加支援業務について，追加支援業務契約に基づいてこれを提供，完成したので，使用許諾料，保守料，導入支援業務料，アドオン開発業務料および追加支援業務料の支払等を求めた。

ユーザ（反訴※）

販売・購買業務の効率化およびCRMの基盤作りとともに，役員がすべての業務を正確に把握し適切な経営判断ができることを目的として，ベンダとの間で基幹情報システム開発の請負契約を締結したにもかかわらず，ベンダが開発した基幹情報システムには多岐にわたる不具合があったとして，債務不履行または瑕疵担保責任に基づき，損害賠償等を求めた。

※被告が同一の手続内で原告を相手方として提起する訴え（民事訴訟法146条）

図表3-12 裁判事例5

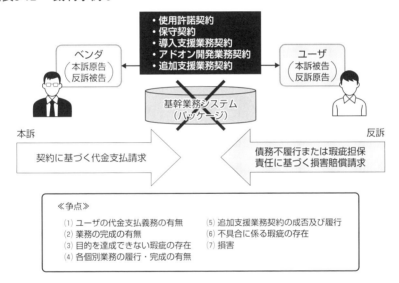

《争点》
(1) ユーザの代金支払義務の有無
(2) 業務の完成の有無
(3) 目的を達成できない瑕疵の存在
(4) 各個別業務の履行・完成の有無
(5) 追加支援業務契約の成否及び履行
(6) 不具合に係る瑕疵の存在
(7) 損害

請　求

ベンダ（本訴）

［ユーザ］は，［ベンダ］に対し，3964万1028円及びこれに対する平成20年1月18日から支払済みまで年6分の割合による金員を支払え。

ユーザ（反訴）

［ベンダ］は，［ユーザ］に対し，1814万5391円及びこれに対する平成20年5月9日から支払済みまで年6分の割合による金員を支払え。

判決：主文

1　［ユーザ］は，［ベンダ］に対し，3964万1028円及びこれに対する平成20年1月18日から支払済みまで年6分の割合による金員を支払え。
2　［ユーザ］の反訴請求をいずれも棄却する。
3　訴訟費用は，本訴反訴を通じ，全部［ユーザ］の負担とする。
4　この判決は，第1項に限り，仮に執行することができる。

（2）当事者の主張と裁判所の判断

　【裁判事例5】では7つの争点が整理された。ここでは「争点（6）不具合に係る瑕疵の存在」を取り上げて，当事者の主張と裁判所の判断から監査のポイントを検討する。

争点

　　　　　　パッケージの標準機能との差異は不具合か？

当事者の主張

ユーザ（本訴被告，反訴原告）

　ユーザは，ベンダが開発したシステムに瑕疵があるとして，次のように主張した。

> 「ベンダの瑕疵担保責任に基づき，ユーザは，基本契約，使用許諾契約および保守契約を解除することができ，ベンダは損害賠償義務を負う。」

> 　…不具合のうち項目18の不具合については，［ベンダ］の仕事の目的物に重大な瑕疵が存在すると評価されるべきものであるから，［ベンダ］は，［ユーザ］に対し，本件業務委託契約（請負契約）に基づく瑕疵担保責任を負う。…不具合のうち項目16，18以外の各不具合は，本件使用許諾契約書の対象である［パッケージソフト］の瑕疵であるから，［ベンダ］は，［ユーザ］に対し，本件使用許諾契約書14条に基づく瑕疵担保責任を負う。
> 　…本件基本契約書，本件使用許諾契約書及び本件保守契約書は，その目的が相互に密接に関連付けられ，社会通念上，本件使用許諾契約に解除事由がある場合

には契約を締結した目的が全体としては達成されないから，本件使用許諾契約のみならず，すべての契約を解除することができると解すべきである。

　［ユーザ］は［ベンダ］に対し，瑕疵の内容を特定した上で…本件不具合を解決（瑕疵を修補）するよう催告するとともに，同日を徒過した場合は，本件業務の未完了（瑕疵の未修補）を理由として，本件基本契約，本件使用許諾契約及び本件保守契約を解除する旨通知したにもかかわらず，［ベンダ］は同日までに本件不具合を解決（瑕疵を修補）しなかった。

　ユーザは，書証として，不具合と主張する32項目を整理した一覧表を提出している。いわゆる「不具合管理表」である。一覧には，不具合の項目番号，内容，パッケージの標準仕様，ユーザの当初の要求，パッケージベンダへの開発要求，ベンダの提案，ユーザの対応の各項目に続いて，本事案におけるユーザの主張，ベンダの反論，書証が記載されている。例えば，不具合項目1では，「一括値引きのある複数の出荷伝票／納入伝票を1通の売掛請求書にまとめた場合に，伝票一括値引が伝票の各明細に按分され，価格値引として登録されてしまう。」として，ユーザはパッケージの不具合と主張している。一覧表には，要求日，回答日，提案日なども記載されているので，ユーザ，ベンダの対応状況が読み取ることができ，不具合対応の管理状況を確かめる証拠資料として参考になる。さらにいえば，パッケージベースであることを踏まえてFit & Gap分析の結果がどうだったのかを記載しておくとよい。なお，不具合管理表については第4章でも解説しているので参照してほしい。

ベンダ （本訴原告，反訴被告）

　ベンダは，ユーザが主張する瑕疵の内容について，次のように反論した。

「パッケージソフトウェアであるから，一般ユーザ企業も容認できないような不具合でない限り瑕疵とはいえない。」

　［ユーザ］が不具合と主張する32項目は，［パッケージソフト］の標準機能と［ユーザ］の業務処理方法との間の差異にすぎないことは，別紙…記載のとおりである。…

　［ユーザ］の主張する本件不具合のうち項目18は，新たな開発要求であり，その

他の本件不具合はいずれも単なる［ユーザ］の業務方法との差異にすぎない。差異につき［パッケージソフト］の仕様を受容しないのであれば，［ベンダ］にアドオン開発を発注すべきである。…

　ベンダは，例えば，上記の不具合項目1では，「一括値引きのある複数の出荷伝票を1つの売掛請求書にまとめた場合，明細割引で管理する。」のように，ユーザが主張する不具合に対して，パッケージの標準仕様であって不具合ではないと反論している。このようなユーザ要件とパッケージ仕様のずれ（差異）が，ユーザとベンダの争いの火種となっていく。

裁判所の判断

　裁判所は，まず，Fit & Gap分析について次のように述べている。

　一般に，企業が社内情報システムを構築する方法として，自社独自のソフトウェアを開発する方法と，ソフトウェア会社が製品として提供しているパッケージソフトウェアを利用する方法がある。

　パッケージソフトウェアは，ソフトウェア会社において一般のユーザーが標準的に必要とする業務処理方法をプログラム化したものであり，ユーザーがこの処理方法をベースとして導入することにより，コンピュータ・プログラムのすべてを独自に自前で開発するカスタムソフトウェアの場合に比べ，効率的にシステムを完成でき，システム完成後の基幹ソフトウェアの保守及び改良についてもパッケージソフトウェア会社から効率的なサービスを受けることができるというメリットがある。

　したがって，パッケージソフトウェアを利用した情報システム開発を円滑に進めるためには，パッケージソフトウェアの導入を支援するベンダーと社内業務処理に精通したユーザーが共同で，パッケージソフトウェアの標準的な業務処理方法とユーザーの社内業務処理方法との差異を明確にし，この差異を解決するために，ソフトウェアの機能を変更，追加すべきか，社内業務処理方法を変更すべきかを，差異毎に検討し，決定することが必要である。

　そして，ユーザの業務処理方法とパッケージ標準機能との差異が瑕疵に当たるのかどうかについて，パッケージを導入するメリットを踏まえて，次のように判示した（図表3-13）。

「ユーザの業務処理方法とパッケージソフトの標準機能との
差異が瑕疵に当たるものと直ちに認めることはできない。」

…①［パッケージソフト］は，全世界…，国内で…導入実績がある中小企業向けのパッケージソフトウェアであること，②パッケージソフトを導入する際には，Ｆｉｔ＆Ｇａｐ検証作業が必要となり，Ｆｉｔ＆Ｇａｐ検証作業によって業務処理方法との差異があると判断された業務要件は，要件の見直しを行い，［パッケージソフト］の標準機能に合わせるか，作り込み（アドオン開発）を行うか，又はシステム化しないか（運用で対応する）のいずれかを選択することとなること，③そのため，アドオン開発を行わない場合には，［パッケージソフト］の仕様に合わせるべく，現場の業務の改革・改善が必要となるものであり，その反面，自社独自のソフトウェアを開発する方法に比べて，ソフトウェアを安価に導入できることなどが認められ…，これらの事実に照らせば，［ユーザ］の業務処理方法と［パッケージソフト］の標準機能との差異が瑕疵に当たるものと直ちに認めることはできない。

図表3-13　パッケージ機能との差異は瑕疵？

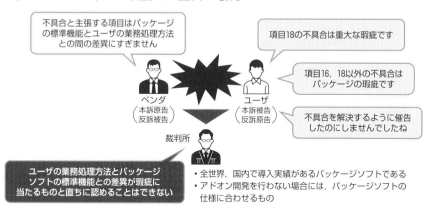

　本事案のパッケージは日本を含む全世界で導入実績があり，標準機能はグローバルスタンダートである。一方，ユーザの業務処理方法はユーザ固有のものであることから，裁判所は，パッケージの標準機能との差異を瑕疵とは認めなかった。裏返せば，メジャーではないパッケージの場合には瑕疵にあたるとの判断もあり得るので注意する必要がある。

（3）監査のポイント

①Fit & Gap（フィットアンドギャップ）分析

　パッケージを導入するに当たっては，ユーザの業務要件などにパッケージの標準機能がどの程度適合しているか（フィット），あるいは乖離しているか（ギャップ）を調査し，評価する必要がある。これを「**Fit & Gap（フィットアンドギャップ）分析**」という。分析の結果，乖離がある場合には，業務要件などを見直してパッケージの標準機能に合わせるか，運用で対応するか，あるいはパッケージにアドオン開発をして機能を追加する（図表3-14）。

　公表されているシステム監査に関する基準などには，「パッケージ機能と業務要件のFit & Gap分析を行うこと」とあるので，Fit & Gap分析を行っているかどうかを確かめることになる。注意しなければいけないことは，本章

図表3-14　Fit & Gap分析

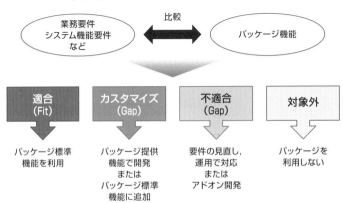

1で述べた"知識・情報の非対称性"である。

【裁判事例5】では，Fit＆Gap分析をベンダではなく，ユーザのプロジェクト事務局が実施したが，社内ユーザ部門の十分な関与・納得を得ないまま分析を行ったために，パッケージ標準機能とユーザの業務処理方法との差異およびプロジェクト事務局の対応について社内ユーザ部門からの不満が寄せられた。このことから，ユーザの取締役は，追加支援業務では，社内ユーザ部門を参画させてFit＆Gap分析を実施することとし，ベンダに対し，Fit＆Gap分析により抽出された差異への対応方法を検討のうえ，提案するという支援を求めた。Fit＆Gap分析に誰が参画しているのかというユーザ側の問題ではあるが，結局，ベンダが振り回されることになる。Fit＆Gap分析に誰が参画しているかは，確認すべき重要なポイントになる。

また，【裁判事例4】では，ベンダは，Fit＆Gap分析の結果を，提案パッケージ標準機能で実現できる要件（分類1），ほかで稼働実績のある機能を提案パッケージに移植して提供する要件（分類2），提案パッケージをカスタマイズして提供する要件（分類3）に整理していた。しかし，このFit＆Gap分析は提案段階で行ったものなので，ユーザと確認しながら分類したわけではなく，ベンダが保有する標準的な業務知識に照らして，分類した結果だと思われる。ユーザ業務に関わる知識・情報は，当然にユーザのほうが詳しいので，特に分類1，分類2に整理された要件については，ユーザの業務を本当に満たしているかどうかは疑ったほうがよい。提案段階のベンダは，何とかして受注したい思いがあり，結果として，提案するパッケージへの適合率は高めになる。機能一覧の名称から想定したベンダの思い込みによる机上，形式上の分析になってしまうおそれがある。ユーザの実務がわかっていないと，それこそ"フィットしない"Fit＆Gap分析になる。Fit＆Gap分析は，提案段階だけでなく，要件定義段階にも実施したほうがよい。

したがって，パッケージ適合性の検証では，ユーザの業務要件や現行システムの機能要件に熟知している者とパッケージの機能・仕様に詳しい者が膝を突き合わせて分析し，評価しているかどうかを確かめる必要がある。Fit＆Gap分析を行っているかどうかだけではなく，誰が，何を，いつ，どのよ

うに分析したのかを確認し，Fit & Gap分析の妥当性を検証する。

②システム開発ベンダとパッケージベンダの役割と責任

　パッケージを導入する場合，2つのベンダが関わることが多い。ユーザからの委託を受けて，パッケージをベースにユーザのシステムを開発するベンダ（以下，「システム開発ベンダ」という）と，パッケージそのものを提供しているベンダ（以下，「パッケージベンダ」という）である。ユーザ，システム開発ベンダおよびパッケージベンダとの間でパッケージのソフトウェア使用許諾契約などを締結する。一般にパッケージの著作権はパッケージベンダにあるので，Fit & Gap分析の結果，アドオン開発が必要になった場合，システム開発ベンダがどの範囲まで対応できるかがポイントになる。システム開発ベンダがパッケージの外部でアドオン開発するのであれば問題はないが，パッケージ機能の一部をカスタマイズするような場合には，改版権が必要になる。また，システム開発ベンダに改版権があったとしても，パッケージ機能の詳細まで熟知しているとは限らない。パッケージの導入に当たってカスタマイズやアドオン開発がある場合，システム開発ベンダとパッケージベンダの役割と責任について確認する必要がある。

「現行システムの機能をすべて満たす」とは
どのような意味か?

（1）事件の概要

　次に取り上げるのは，現行システムからパッケージにリプレイスするに当たり，Fit & Gap分析で適合していると評価した部分が争点となった裁判事例である（図表3-15）。

裁判事例　6　第一審：東京地判平成26・10・30 判時2257号70頁
控訴審：東京高判平成27・6・11（ウエストロー・ジャパン2015WLJPCA06116005）

訴　　え

ベンダ（本訴）

　ユーザの販売管理システムの開発等を目的とする契約を締結し，システムを検収可能な程度に完成させたにもかかわらず，ユーザが検収を拒み続けたために契約を合意解除するに至ったとして，債務不履行に基づき損害賠償を請求した。

ユーザ（反訴）

　システムは完成に至らなかったとして，ベンダに対し，債務不履行に基づく損害賠償を請求した。

◆第一審◆

請　　求

ベンダ（本訴）

　［ユーザ］は，［ベンダ］に対し，9232万0300円及びこれに対する平成23年10月21日から支払済みまで年6分の割合による金員を支払え。

ユーザ（反訴）

　[ベンダ]は，[ユーザ]に対し，3952万8688円及びこれに対する平成24年12月13日から支払済みまで年6分の割合による金員を支払え。

判決：主文

1　[ユーザ]は，[ベンダ]に対し，2526万0410円及びこれに対する平成23年10月21日から支払済みまで年6分の割合による金員を支払え。
2　[ベンダ]のその余の本訴請求を棄却する。
3　[ユーザ]の反訴請求を棄却する。
4　訴訟費用は，本訴反訴を通じ，これを2分し，その1を[ユーザ]の負担とし，その余を[ベンダ]の負担とする。
5　この判決は，第1項に限り，仮に執行することができる。

◆控訴審◆

請　求

ユーザ

（1）原判決中[ユーザ]敗訴部分を取り消す。
（2）[ベンダ]の本訴請求を棄却する。
（3）[ベンダ]は，[ユーザ]に対し，4212万8688円並びにうち3952万8688円に対する平成24年12月13日から，うち260万円に対する平成27年3月24日から，各支払済みまで年6分の割合による金員を支払え。（[ユーザ]は，当審において，手付金260万円の返還請求を追加した）

ベンダ

（1）原判決主文1項を次のとおり変更する。
（2）[ユーザ]は，[ベンダ]に対し，9232万0300円及びこれに対する平成23年10月21日から支払済みまで年5分の割合による金員を支払え。

判決：主文

1　原判決主文1項及び2項を次のとおり変更する。
　（1）[ユーザ]は，[ベンダ]に対し，2256万9510円及びこれに対する平成23年10月21日から支払済みまで年6分の割合による金員を支払え。
　（2）[ベンダ]のその余の本訴請求を棄却する。
2　本件控訴中，反訴請求に係る部分及び[ユーザ]の当審における追加請求を

いずれも棄却する。
3　本件附帯控訴を棄却する。
4　訴訟費用は，第1，2審を通じてこれを2分し，その1を［ベンダ］の負担
　　とし，その余を［ユーザ］の負担とする。

図表3-15　裁判事例6

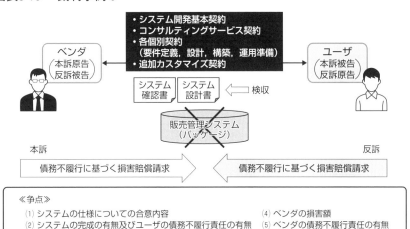

（2）当事者の主張と裁判所の判断

　【裁判事例6】では6つの争点が整理された。ここでは，「争点（1）シス
テムの仕様についての合意内容」を取り上げて，当事者の主張と裁判所の判
断から監査のポイントを検討する。

争 点

ギャップのない機能は現行システムの機能を満たすこと？

◆第一審◆

当事者の主張

ベンダ （本訴原告，反訴被告）

　ベンダは，ユーザとの契約内容はアドオン開発であるとして，次のように主張した。

「現行システムと同じ機能を有するという抽象的な合意ではない。」

> 　本件基本契約の内容は，本件パッケージソフトをカスタマイズして本件システムを開発することであり，その具体的な仕様は，本件パッケージソフトと現行システムとの機能の相違を分析し，カスタマイズ範囲を検討するためのフィットギャップ分析を行い，カスタマイズする内容について要件定義書も作成し，システム画面や帳票類を含めた本件システムの仕様の詳細を記載した本件システム確認書を作成のうえ，[ユーザ]に検収されるという過程で確定されたものである。

　ベンダは，システム確認書（要件定義書），システム設計書をユーザに提出し，検収を受けた後，個別契約（構築サービス）を締結し，システムを開発した。納品後，説明会を開催し，テスト稼働を実施した際，ユーザからシステムの不具合等を指摘されたことから，システムの機能追加を内容とした追加カスタマイズ契約を締結して，ユーザからの指摘に対応したが，検収されなかった。

　システム確認書（要件定義書），システム設計書の検収を受けてシステムを開発したのに，なぜ，説明会後にユーザの態度が変わったのか。ここに，ベンダとして注意しておくべきことがある。それはユーザのキーパーソンは誰かということである。本事案において，Fit＆Gap分析やデモを通じてシステムを提案した際のユーザ側の応対者は，ユーザ代表者（当時の総務部長）Bであり，「カスタマイズが必要だ」と言っていた。システム開発基本契約を締結し，システム開発プロジェクトが立ち上がった際のユーザ側のプロジェクト責任者は，当時の営業部長Eである。システム確認書（要件定義書）

の署名押印はEであり，システム設計書の署名押印はaセンターのF所長である。当初の提案を受けたBが登場するのは，テスト稼働を実施した時である。Bが「現行システムと比較して機能不足だ」などと指摘したのは，想定しているシステムのイメージと違っていたと思われる。システム確認書（要件定義書），システム設計書の内容について，ユーザ社内，ベンダともに，キーマンであるBに説明していなかった可能性が高い。なお，Eはプロジェクト責任者から外れて（おそらくBから外された）Bが本格的に打合せに関与するようになり，システム稼働は再三，延期になるという，システム開発プロジェクト破綻の道を進むこととなった。

[ユーザ]（本訴被告，反訴原告）

　ユーザは，ベンダから提示された提案書の記載内容から次のように主張した。

「ベンダが示した提案書は，現行システムの機能をすべて満たしたうえで，ユーザの要望等をも満たすことを約束したものである。」

> …本件提案書には，現行システムの機能をすべて満たしたうえで，［ユーザ］の要望等をも満たすことを約束したものであって，本件パッケージソフトの「カスタマイズ」をすることを合意していたが，その「カスタマイズ」は，現行システムの機能を全て満たすことが最低限の条件であって，そのためにフィットギャップ分析も行ったものである。［ユーザ］としては，フィットギャップ報告書において「ギャップ」と記載のない項目はすべて本件パッケージソフトにおいて現行システムの機能を満たしていたと理解していた。…

　ここで注意すべきことは，ベンダがユーザに提示した提案書の内容である。提案書には「現システムの業務内容を継承」，「現状の機能を網羅する」という記載があった。このような内容の提案書はユーザに喜ばれるので，ベンダは受注するために営業トークで安易に書いてしまいがちである。後々のトラブルを引き起こしかねないので，ユーザへの提案書を確認する際にチェックすべきポイントのひとつになる。

裁判所の判断（第一審）

　第一審の裁判所は，まず，パッケージのカスタマイズ（アドオン開発）について，次のように述べた。

> 　…既存のパッケージソフトをユーザー向けにカスタマイズする…方法では，開発コストの低減，開発期間の短縮，機能的統合性の確保などのメリットがある。この場合，仕様確定作業において，パッケージソフトの機能とユーザーが要望する機能とを比較（フィットギャップ分析）して，カスタマイズ内容を確定することになるが，その性質上，一般的には，カスタマイズは最小限に留め，業務をパッケージソフトに合わせることが原則とされている。

　そのうえで，ベンダとユーザの打合せの経緯などを踏まえて，次のように判示した（図表3-16）。

「パッケージソフトの仕様を採用する合意ができていたというべきである。」

> 　…本件システムの開発は，…［ベンダ］は，［ユーザ］からのヒアリング，フィットギャップ分析を経て，本件システム確認書（要件定義書）及び本件システム設計書（基本設計書）を作成して，いずれも［ユーザ］の検収を受けたことが認められ，…特に記載がない点については，［ユーザ］が明確に要望として述べていたにもかかわらず［ベンダ］が本件仕様書等に記載しなかった，又は，本件仕様書等の内容を確認した際に異議を述べたなどの特段の事情がない限り，本件パッケージソフトの仕様を採用するという合意ができていたというべきである。
> 　…確かに，本件提案書…には，現行システムの機能をすべて備える旨の記載があるものの，同提案書には機能要件について，カスタマイズするほか本件パッケージソフトの基本機能及び運用により解決する旨も記載されており，…本件システムの詳細を合意したものではないことは上記経過からも明らかであり，詳細な仕様については，その後の打合せにより確定することが当然に予定されていたといえる。…Eが押印した本件システム確認書には，画面のレイアウトや帳簿レイアウトなどの仕様が添付されていることを認めることができ…る。
> 　…本件システムが本件パッケージソフトを一定の限度でカスタマイズすることを前提として本件システムを構築していく合意をし，しかも現行システムの機能をすべて満たすものではないことを了解したうえでの打合せであったことを

示すものであり，現行システムの機能を網羅することを合意していなかったことが明らかである。

図表3-16　現行システムの機能を満たす？

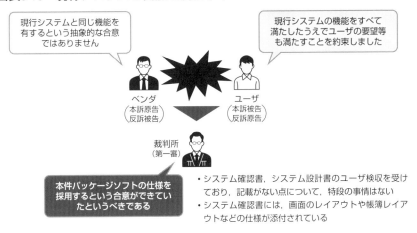

裁判所の判断を踏まえると，パッケージをベースにシステムを開発する場合の提案書，要件定義書，基本設計書などには，例えば，「成果物に記載のないものは，パッケージの仕様に従う。」などの一文を入れておくとよい。

◆控訴審◆

当事者の主張

ユーザ（控訴人）

第一審では，ユーザの債務不履行を認めるとともに，システム開発に係る各契約は合意解除されたと判断した。また，ベンダは本件システムを完成させていたのであるから，ベンダには債務不履行は認められないとして，ユーザの反訴請求を棄却した。この判決を不服としたユーザは控訴し，システム確認書の記載から次のように主張した。

「システム確認書に記載がないものや具体的要件定義(仕様)のないものは,現行システムと同等の機能を具備するものを開発する合意をしたと解するべきである。」

> …本件システム開発を[ベンダ]に委託したのは,現行システムのメンテナンス業者が保守管理から撤退するので,これに代わるシステムの開発の方法として本件システムの開発を考え始めたものであり,本件システムは現行システムと交替させ,現行システムは本件システムの完成と同時に退役が予定されていた。したがって,本件システム開発の第一の条件は,直ちに[ユーザ]の業務に使用できるこれと同等のシステムの開発であった。本件システム確認書…にも,「導入目的と効果」として,「現システムの業務内容を継承し,機能アップを図る」と,現行システムの継承が要件定義書に明記されているし,本件提案書…にも「現状の機能を網羅すること」とされている。

　ユーザは,第一審と同様,現行システムと同等の機能を具備するシステムの開発を合意したと主張している。その背景には,現行システムの保守ベンダの撤退がある。ユーザには現行システムに不満があったわけではなく,やむを得ず,別のシステムに切り替えざるを得ないという事情があった。そのような中で,ベンダの提案書に「現状の機能を網羅する」と書かれていれば,期待するのも仕方がないといえる。ベンダは,ユーザが現行システムからリプレイスする真意を押さえておくことが重要であり,ユーザも開発するシステムに求めることをベンダに十分に伝え,認識を合わせるようにする必要がある。

裁判所の判断(控訴審)

　裁判所は,ユーザ業務に関わる知識・情報の非対称性を踏まえて,次のように述べた。

> …一般に,パッケージソフトには業務遂行に必要な基本的な機能が装備されているから,これを基本にしてシステムを構築するのが原則であり,それでも賄えないユーザーに特有な仕様についてはカスタマイズにより対応するものである。…開発にあたっての一般的な考え方としては,基本的には,カスタマイズを最小限にし,むしろ業務をパッケージに合わせるようにすることが重要であるとされている。

　また，ベンダーは，ユーザー独自の業務の仕方やユーザー業務の専門分野に属する事項については通常認識できないものであるから，これらの事項はユーザーが明確に表示して要件定義書に取り込んでもらう必要があり，要件定義書に記載がないものはこうした表示行為がなかったと考え得るものである。さらに，事後的にユーザーの希望や外的事情のため仕様変更があると，パッケージソフトの中核部分まで修正が必要となり，バグ発生のリスクが高まるとともに，かえって開発費用が増大し，工期も長期化することとなるため，本来的には，要件定義書及び基本設計書の作成をもって開発対象となるソフトウェアの仕様確定が完了することを予定しているものである。

　裁判所は，このようにパッケージを導入する意義を述べたうえで，次のように判示した。

「現行システムと同等の機能を具備するものを開発する 合意が認められることにはならない。」

　…当事者の合意は，要件定義書等の成果物に記載のあるものについてはこれによって認めることとし，こうした成果物に記載のないものについては，特段の事情のない限り，パッケージソフトの仕様によっているものと考えるのが合理的であるといえる。…「現行システムと同等」とは，具体的にどのような水準・内容のものをいうのかが，そもそも明らかとならないし，…パッケージソフトの仕様によりながら，これに運用や業務方法の見直しも併用して，新しいシステムを活用して今後の業務を行っていくことも考えられるから，これらから，現行システムと同等の機能を具備するものを開発する合意が認められることにはならないというべきである。

　…本件システム確認書を含む本件仕様書等に合意内容が不明であると評価されるほどの不備があるとは到底認められない。…そもそも本件システム確認書に不備があることが，当事者が現行システムと同等のものを開発する合意をしたことの事実認定に何らかの作用をするとも考えられない。…

　控訴審での判決も第一審と同様であったが，「『現行システムと同等』とは，具体的にどのような水準・内容のものをいうのかが，そもそも明らかとならないし・・・」という判断には注意しておく必要がある。もし，現行システムの内容について，仕様書や操作説明書，画面や帳票の一覧など，具体的な

内容を把握できる文書があったり，現行システムの保守ベンダとの打合せが行われたりした場合には，現行システムの内容を具体的に把握できていたと認められてしまう可能性がある。

（3）監査のポイント

①「現行仕様と同じ」の意味

【裁判事例6】では，現行システムの保守ベンダが撤退することから，システムをリプレイスしなければならない事情があった。現行システムのリプレイスなので，ユーザは「現行仕様と同じ」と一言で説明することは十分にあり得る。しかし，ユーザも現行システムの詳細な仕様までわかっているわけではないので，「現行仕様と同じ」は恐怖のキーワードである。たとえ，開発ベンダが現行システムの保守ベンダに仕様を確認できたとしても，保守ベンダは顧客から撤退する立場であり，非協力的になっても仕方がない。開発ベンダに十分な情報提供はされず，悪くいえば，仕様を隠されるかもしれない。現行仕様をどこまで開発ベンダに提示しているかがポイントになる。「現行システムの仕様は設計書をみてください。」と言われても，設計書類が最新の内容になっていない（陳腐化）可能性もある。要件定義書などに「現行仕様と同じ」というような内容の記載があれば，要注意である（図表3-17）。

図表3-17 「現行仕様と同じ」に注意！

現行システムの仕様がわかったとしても，導入するシステムとの違いがでてくることがある。例えば，合計金額に1円の差異がある場合のように，計

算順序，四捨五入，小数点以下桁数など，プログラムの組み方の違いで誤差が生じてしまう。個別に開発するシステムであれば，プログラムをゼロから作成できるので，現行システムの処理ロジックに合わせることは可能である。しかし，パッケージである場合，他社等の利用ユーザがいるので，1ユーザの現行システムと同じロジックにパッケージのプログラムを変更することはできない。結果として，ユーザは納得せず，堂々巡りに陥ってしまう。したがって，システム開発工程の早い段階で，"実データ"による計算結果を検証する必要がある。また，現行システムと画面の遷移が違うとか，タブキーが使えないなど，細かな点でも違いがでてくる。現行システムと導入パッケージの具体的な内容を対比しているかどうかを確かめる必要もある。

②外製化と内製化

　ベンダは，ユーザから受託したシステム開発に続いて，保守対応まで受託することも多い。特に，パッケージは保守契約が前提になる。一方，ベンダがユーザと業務委託契約を締結する際に"撤退することもあります"というようなことを言うはずはない。発注するユーザも，これから委託するベンダが早々に撤退するとは思わないし，撤退されたら困ると考えるのが自然である。このような状態が続くと，特定のベンダに依存したシステムに固定され，他ベンダが提供するシステムに切り替えることが難しくなっていく。これを「ベンダロックイン」（vender lock-in）という。

　しかし，ユーザとベンダはビジネス上の契約関係であり，未来永劫，付き合う義務はないし，現実的ではない。ビジネスである以上，ベンダは，提供しているサービスから撤退してもかまわないし，ユーザも，より機能アップしたサービスのよい他ベンダのパッケージに乗り換えてもかまわない。したがって，ユーザとベンダとの間で契約を締結する際に，ベンダが撤退するような場合にどのような対応を求めるのか，ベンダはどこまで対応可能なのか，どこまでが無償対応なのかなどを協議し，「契約終了時の対応」の条項などに明記しているかなどを確かめておくとよい。ユーザ内にシステム部門がある場合には，導入パッケージの今後の計画について調査・検討しているか，

どこまでの範囲をパッケージで外製化し続けるのか，内製化すべき機能はないのかなど，システム化の方向性について確かめることも重要になる。

　一方，ベンダは，ユーザに不正確な情報を提供したり，他ベンダへの仕様の開示を拒否したりするなど，不当な「囲い込み」となるようなことをした場合，独占禁止法に抵触する可能性があるので，注意する必要がある。

監査人がみるポイント

- ●ユーザとベンダの知識・情報の非対称性が仕様の合意を歪める。
- ●ユーザの実務がわからないと"フィットしない"Fit & Gap分析になる。
- ●要件定義での「現行仕様と同じ」は禁句！
- ●ベンダロックインに注意！

コラム 7

オープンAPI

　「オープンAPI」とは，特定のプログラムを別のプログラムから動作させるための技術仕様（API：Application Programming Interface）を明らかにして，他システムからの接続を認めることである。例えば，金融機関がAPIを公開することで，金融機関のシステム（API接続元）とFinTech企業に代表されるようなサービス事業者が提供するアプリケーション（API接続先）とが接続され，口座残高などの情報を受け渡しすることができる。これによって，利便性の高いサービスをすばやく提供することが可能になる。一方，API接続先にシステム上の脆弱性などがあると，API接続先への外部からの不正アクセスに起因して影響を受けたり，逆に，API接続元のシステム不具合が生じて，複数のAPI接続先のシステムが同時にシステム障害は発生したりするなど，自組織のコントロールだけでは防ぎきれないようなリスクが生じるおそれがある。

第 4 章

システム開発プロジェクトにおける
監査のポイント

　　システム開発プロジェクトの半分は破綻しているともいわれている。第3章で検討した要件定義段階における争点も，システム開発プロジェクトの成否に関連している。開発スケジュールが遅延しつつも開発が完了し，ユーザの確認がはじまった途端にユーザから不満が爆発するというのは，よくある失敗パターンである。本章では，このようなシステム開発プロジェクトに関わる裁判事例を題材にして，システム開発プロジェクトを監査する場合のポイントを解説する。

本章の内容

▶ プロジェクトマネジメント義務と協力義務
▶ ベンダのプロジェクトマネジメント義務違反が覆った？
▶ データ移行はユーザとベンダのどちらの責任範囲？

「プロジェクトマネジメント義務」と「協力義務」

（1）事件の概要

　システム開発が失敗する原因の多くは，システム開発プロジェクトの破綻である。ユーザの業務要件などがなかなか確定しなかったとか，テストが不十分であったとかも，その根本原因を辿れば，プロジェクトマネジメント上の問題に突き当たる。結果として，システム開発プロジェクトに関わる訴訟事件が多くなってくる。訴訟事件の中には，100億円以上の損害賠償を求めるような事案もある。

　ここで取り上げるのは，ベンダがシステム開発委託契約に基づき開発をはじめたシステムが期限までに完成しなかったとして，その責任が争われた事案である（図表4-1）。"プロジェクトマネジメント義務"，"協力義務"という用語がはじめて判決文の中で使われた事案であり，その後の同様の訴訟事件の判決文でも引用されている。

裁判事例　7　東京地判平成16・3・10 判タ1211号129頁

▎訴　　え

__ユーザ__（本訴）

　ベンダとシステム開発業務委託契約を締結し，システム構築を委託したが，ベンダが債務の本旨に従った履行をせず，納入期限までにシステムを完成させなかったばかりか，不当に追加費用の負担や構築するシステム機能の削減を要求してきたなどとして，ベンダに対し，業務委託契約の債務不履行解除を原因とする原状回復請求権に基づく支払済み委託料の支払を求めるとともに，債務不履行による損害賠償請求権に基づく損害金等の支払を求めた。

ベンダ（反訴）

　システムが納入期限までに完成しなかったのは，ユーザが意思決定を遅延するなどして協力義務に違反したことが原因であったなどとして，ユーザに対し，主位的には協力義務違反等を理由とする債務不履行による損害賠償請求権に基づき，予備的には請負契約の解除における報酬及び損害賠償請求権または準委任契約の解除における報酬及び損害賠償請求権に基づく支払等を求めた。

図表4-1　裁判事例7

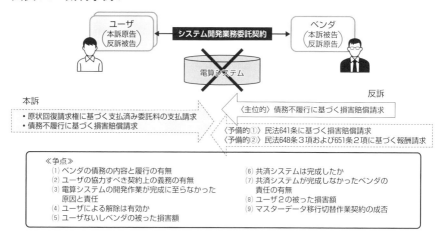

請　　求

ユーザ（本訴）

（1）［ベンダ］は，［ユーザ］に対し，6億0121万0157円及びこれに対する内金2億5200万円については平成10年5月29日から，別表2の損害額明細欄記載の1ないし121の各損害については各支払日の翌日から各支払済みまで年6分の割合による金員を支払え。

（2）［ベンダ］は，［ユーザ2］に対し，5278万0246円及びこれに対する平成12年10月31日から支払済みまで年6分の割合による金員を支払え。

ベンダ（反訴）

（1）［ユーザ］は，［ベンダ］に対し，4億6546万1500円及びこれに対する平成13年2月6日から支払済みまで年6分の割合による金員を支払え。

（2）［ユーザ2］は，［ベンダ］に対し，2727万4100円及びこれに対する平成12年
　　3月25日から支払済みまで年6分の割合による金員を支払え。

判決：主文

1　［ベンダ］は，［ユーザ］に対し，1億1340万円及びこれに対する平成11年9
　　月13日から支払済みまで年6分の割合による金員を支払え。
2　［ユーザ］のその余の請求を棄却する。
3　［ユーザ2］の請求を棄却する。
4　［ベンダ］の請求をいずれも棄却する
5　訴訟費用は，本訴反訴を通じ，［ユーザ］と［ベンダ］との間においては，こ
　　れを2分し，その1を［ユーザ］の，その余を［ベンダ］の負担とし，［ユー
　　ザ2］と［ベンダ］との間においては，これを3分し，その2を［ユーザ2］
　　の，その余を［ベンダ］の負担とする。
6　この判決は，第1項に限り，仮に執行することができる。

（2）当事者の主張と裁判所の判断

　【裁判事例7】では9つの争点が整理された。ここでは，「争点（3）電算
システムの開発作業が完成に至らなかった原因と責任」を取り上げて，当事
者の主張と裁判所の判断から監査のポイントを検討する。

争点

システムが完成しなかった原因は何か？　その責任はどちらか？

当事者の主張

ユーザ（本訴原告，反訴被告）

　ユーザは，ベンダの力量不足が原因でシステムが完成しなかったとして，
次のように主張した。

**「ベンダのプロジェクトマネジメント能力等の不足が原因で，
システム開発契約等全体について履行遅滞が生じた。」**

[ベンダ]の[ユーザ]の業務に関する知識不足や技術力不足，プロジェクトマネージメント能力不足が原因で，本件電算システムの開発作業が遅れ，開発に失敗した。

[ユーザ]と[ベンダ]は，本件電算システムの…リリースについて，段階的稼働の合意をしたが，[ベンダ]は，最初の納入期限…に，債務の本旨に従った履行をしなかった。逐次供給契約においては，第1回目の履行遅滞をもって全体について履行遅滞となるから，同時点で本件電算システム開発契約等全体について履行遅滞が生じたということができる。また，[ベンダ]は，最終の納入期限…が経過しても，…リリース分を完成させることができなかったので，遅くとも同時点で，本件電算システム開発契約等全体について履行遅滞が生じた。…

[ユーザ]に債務不履行はない。また，[ベンダ]は，履行不能に陥ったことを告げたり，成果物を提示してその利用を促したりしただけであり，何ら催告や指導を行ってはいない。

※逐次供給契約：分割して履行される契約

　ベンダを弁護するつもりはないが，ユーザが主張する"ベンダのユーザ業務に関する知識不足"については，なかなか評価が難しいところである。ベンダとユーザは別企業であり業態も違う。ユーザ業務の細かなところや固有の業務などまでわかるはずがない。とはいっても，ベンダとしては「ユーザの業務はまったくわかりません。」とも言えないので，営業トークで「ユーザの業務知識は十分にあります。」とアピールしてしまう。

ベンダ （本訴被告，反訴原告）

　一方でベンダは，ユーザの過剰な要求や意思決定の遅れなどが原因でシステムが完成しなかったとして，次のように主張した。

「ユーザの過剰な要求,作業放棄,履行拒絶などが原因で, ベンダの業務遂行が遅滞し,不可能となった。」

　[ユーザ]が,機能の追加や変更の要求,過剰な要求を行い,意思決定を遅延するなどしたことが原因で,本件電算システムの開発作業が遅れた。
　[ユーザ]は,本件電算システム開発契約上の義務である協力義務に違反し,業務の内容を確定せず,履行遅滞を2年にわたり継続した。…
　…[ベンダ]が履行を継続しているにもかかわらず,[ユーザ]は協力義務に違反し,正当な理由なく,本件電算システム開発契約等を催告もせずに一方的に解除した。[ユーザ]の作業放棄及び履行拒絶により,[ベンダ]の業務遂行が不可能となったので,[ユーザ]の作業放棄及び履行拒絶は,履行不能に該当する。…
　[ベンダ]は,本件電算システム開発契約等に従って債務を履行しており,開発作業が遅れたのは,…[ユーザ]の事情による。したがって,[ベンダ]には履行遅滞はなく,あるいは,履行遅滞があったとしても,帰責事由がない。

　ユーザからの過剰な要求,意思決定の遅延などは,システム開発プロジェクトが破綻する兆候である。ユーザのこのような行為をいかにハンドリングするかが明暗を分ける。システム開発プロジェクトが適切に遂行されているかどうかを確かめるポイントのひとつである。

裁判所の判断

　裁判所は,まず,「**プロジェクトマネジメント義務**」という用語を使って,ベンダには次のような義務があるとした。

　[ベンダ]は,納入期限までに本件電算システムを完成させるように,本件電算システム開発契約の契約書及び本件電算システム提案書において提示した開発手順や開発手法,作業工程等に従って開発作業を進めるとともに,常に進捗状況を管理し,開発作業を阻害する要因の発見に努め,これに適切に対処すべき義務を負うものと解すべきである。そして,システム開発は注文者と打合せを重ねて,その意向を踏まえながら行うものであるから,[ベンダ]は,注文者である[ユーザ]のシステム開発へのかかわりについても,適切に管理し,システム開発について専門的知識を有しない[ユーザ]によって開発作業を阻害する行為がされることのないよう[ユーザ]に働きかける義務(以下,これらの義務を「プロジェクトマネージメント義務」という。)を負っていたというべきである。

　同様に，「**協力義務**」という用語を使って，ユーザには次のような義務があるとした。

> 　…オーダーメイドのシステム開発契約では，受託者（ベンダー）のみではシステムを完成させることはできないのであって，委託者（ユーザー）が開発過程において，内部の意見調整を的確に行って見解を統一した上，どのような機能を要望するのかを明確に受託者に伝え，受託者とともに，要望する機能について検討して，最終的に機能を決定し，さらに，画面や帳票を決定し，成果物の検収をするなどの役割を分担することが必要である。…本件電算システムの開発は，［ユーザ］と受託者である［ベンダ］の共同作業というべき側面を有する。
> 　そして，本件電算システム開発契約の契約書…において，…［ユーザ］が協力義務を負う旨を明記している。したがって，［ユーザ］は，本件電算システムの開発過程において，資料等の提供その他本件電算システム開発のために必要な協力を［ベンダ］から求められた場合，これに応じて必要な協力を行うべき契約上の義務（以下「協力義務」という。）を負っていたというべきである。

　このようなベンダとユーザそれぞれに求められる義務を踏まえて，裁判所は次のように判示した（図表4-2）。

「システムが納入期限までに完成に至らなかったことについて，ユーザとベンダのいずれか一方が債務不履行責任を負うものではない。」

> 　…［ユーザ］は，…［ベンダ］から解決を求められた懸案事項を目標期限までに解決しないなど，適時適切な意思決定を行わなかったところがある…。［ベンダ］は，［ユーザ］に対し，システム連絡会議やシステム開発進捗会議等において，懸案事項の解決の遅れが原因で開発作業が遅延していることを説明し，目標期限までの解決を促していたものであるから，…［ベンダ］は適切なプロジェクトマネージメントを行っていたということができ，［ユーザ］の意思決定の遅延は，開発作業の遅れの一因であると認められる。
> 　しかし…，…［ベンダ］も，［ベンダ］や［ベンダ］が主体のチームの懸案事項を，自ら設定した目標期限までに解決しないなど，適時適切な意思決定を行わなかったところがあるということができる。また，［ベンダ］において技術面の検討作業を遅延したり，［ベンダ］担当者間のコミュニケーション不足等が原因で，［ベンダ］担当者の一部が［ユーザ］の決定事項等を把握していないなど

といったこともあったものと認められ，これら［ベンダ］の事情も，［ユーザ］の意思決定の遅延と相まって，開発作業の遅延の一因を成すものと認められる。

また，…法改正…その他に関する［ユーザ］の要求により，開発工数が大幅に増加したことも，開発作業の遅れの一因を成すものと認められ，これについて，［ベンダ］は，開発規模の増大の程度を正確に把握するのが遅れ，契約金額を上回る…追加の委託料の負担か大幅な処理数の削減を選択するよう不相当な内容の申入れをしており，適切なプロジェクトマネージメントを欠いた点があるということができる。さらに，［ベンダ］は，自ら履践を約した開発手順や開発手法，作業工程（段階ごとのレビューの実施，プロトタイプの作成，基本設計書の校正版の納品等）を履践しなかった点においても，適切なプロジェクトマネージメントを行わなかったと認められる。

これらの諸事情を併せ考慮すると，結局，本件電算システム…の開発作業が遅れ，段階的稼働の合意により延期したにもかかわらず，なお納入期限までに完成に至らなかったのは，いずれか一方の当事者のみの責めに帰すべき事由によるものというのは適切ではなく，［ユーザ］と［ベンダ］双方の不完全な履行，…法改正その他に関する開発内容の追加，変更等が相まって生じた結果であり，当事者双方とも，少なくとも開発作業の担当者のレベルにおいては，逐次遅れが積み重なりつつあるが，懸案事項の解決が完了しない以上やむを得ないとの共通の認識の下に，作業が進行していたというのが相当である。

図表4-2　システムが完成しなかった原因は？

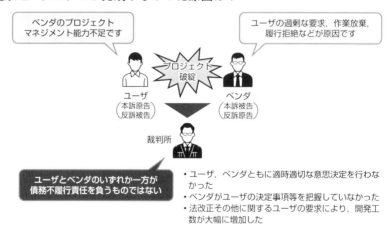

　裁判所は，ユーザに協力義務違反があるとしたうえで，ベンダも適切なプロジェクトマネジメントを行わなかったとして，喧嘩両成敗の判断であった。システム開発プロジェクトは，ユーザとベンダの協同作業である。ベンダがシステム開発の専門家としてどれほど優れていても，ユーザがまったく協力してくれなければ，システムは作れない。また，ユーザがシステム開発に必要な情報を漏れなく正確かつ適時にベンダに提供していたとしても，ベンダがユーザの要件を正しく理解してシステムに反映できなければ，使えないシステムができ上がってしまう。そこでポイントになるのが，ベンダが果たすべき役割の「プロジェクトマネジメント義務」であり，ユーザが果たすべき役割の「協力義務」である。それぞれの義務を果たさなかった場合，相手方から債務不履行や不法行為に基づく損害賠償を請求されるおそれがある。

（3）監査のポイント

①ベンダのプロジェクトマネジメント義務

　システムを開発する主体はベンダである。要件定義にはじまり，設計，実装，テスト，移行などの工程を計画通りに進めていかなければならない。そのためには，組織的な統制として「システム開発プロジェクト」で進める必要がある。プロジェクトの体制は個々のシステム開発で異なっているが，例えば，図表4-3のような体制になる。

　システム開発プロジェクトにおいてベンダが行うべきこと，つまり，プロジェクトマネジメントの代表的な体系に「**PMBOK**」（Project Management Body of Knowledge）がある＜コラム8「PMBOK」参照＞。詳細については，多くの解説書が出版されているので参照してほしい。【裁判事例7】において，裁判所は，ベンダに求められるプロジェクトマネジメント義務として，次の3つを挙げている（図表4-4）。

図表4-3 システム開発プロジェクト体制（例）

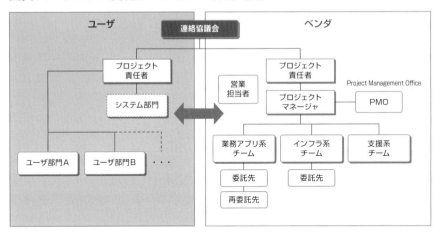

図表4-4 ベンダのプロジェクトマネジメント義務（裁判事例７の場合）

　ベンダ側の監査人は，少なくとも，これらの義務を果たしているかどうかを確かめる必要がある。ただし，これらの義務を果たしていれば，プロジェクトマネジメント義務違反にはならないということではないので注意してほしい。例えば，システム開発プロジェクトが中止になったことから，ユーザとベンダともに相手方に対して100億円を超える損害賠償等を求めた有名な訴訟事件の控訴審（東京高判平成25・9・26）では，ベンダが，システム開発プロジェクトを中止することの要否とその影響などをユーザに説明すべき

義務（「**中止提言義務**」）があると判断された。

<＜東京高判平成25・9・26金商1428号16頁＞
　…システム開発は必ずしも当初の想定どおり進むとは限らず，当初の想定とは異なる要因が生じる等の状況の変化が明らかとなり，想定していた開発費用，開発スコープ，開発期間等について相当程度の修正を要すること，更にはその修正内容がユーザーの開発目的等に照らして許容限度を超える事態が生じることもあるから，ベンダとしては，そのような局面に応じ，ユーザーのシステム開発に伴うメリット，リスク等を考慮し，適時適切に，開発状況の分析，開発計画の変更の要否とその内容，更には開発計画の中止の要否とその影響等についても説明することが求められ，そのような説明義務を負うものというべきである。>

　したがって，開発手順や開発手法，作業工程等と実際の開発作業の整合性，進捗管理の実効性，ユーザへの対処や提案の状況などを確認して，システム開発プロジェクトにおけるプロジェクトマネジメントが適切であるかどうかを判断する必要がある。特に，開発作業を阻害するようなユーザの行為に対して，どのように対応しているかを確認するために，後述する「議事録」の内容を確かめるとよい。

　ところで，システム開発プロジェクトの進捗が遅れてきたり，テストで不具合が多く発生したりするような状況になると，ユーザが進捗会議などの場で怒りを爆発させることがある。ベンダは，プロジェクトを立て直すとともに，「お詫び状」などの書面をユーザに提出して，事態の収拾を図ろうとする。ここで注意しておくべきなのが"お詫び"である。ベンダ自ら責任があると認めた証拠になるので，訴訟になった場合にはベンダには不利になる可能性がある。東京高判令2・1・16の控訴審判決のように，裁判所は他の書証を含めて総合的に判断するので，「お詫び状」だけでプロジェクトマネジメント義務違反があると認定されるわけではないが，ユーザの要件確定の遅れが進捗遅れの原因であったりした場合には，安易に「お詫び状」を出すのは危険である。

＜東京高判令2・1・16（ウエストロー・ジャパン2020WLJPCA01166010）＞
　…［ベンダ］において，…作業が遅延している原因が［ユーザ］の側にある旨の書面…を［ユーザ］に提示したが，［ユーザ］が，遅延の原因は［ベンダ］における現行システムに対する理解不十分などにあると主張したところ，［ベンダ］は上記書面を撤回したこと，［ベンダ］は，…プロジェクト管理体制が不十分であったことを詫びる趣旨の書面…を［ユーザ］に交付したこと，［ベンダ］は，…［ユーザ］から，画面の仕様整理について［ベンダ］の担当者に問題があると指摘されたところ，［ベンダ］の担当者のスキルが不足しており，画面の仕様整理の重要性についての［ベンダ］のＰＭ層の認識が甘かったことを認めるなどしたこと，…［ベンダ］においてプロジェクト体制が不十分であったことを認めた上で，その体制を再編し，情報共有と指示伝達の改善を図ることなどを書面…で報告したことは，前記認定事実のとおりである。…
　…これらの書面は，請負契約の注文者と受注者という関係の下で作成，提出されたものであって，前記認定事実に係る経緯の下では，そのような記載があることをもって，直ちに［ベンダ］のプロジェクト管理体制の不備があり，それが基本設計工程の遅延の原因であったことを裏付けるものとはいえない。

コラム 8

PMBOK

　「PMBOK」（Project Management Body of Knowledge）とは，プロジェクトマネジメントに関する知識を体系的にまとめたものである。2021年7月にリリースされた「PMBOK®Guide（第7版）」は，第6版から大きく変更され，プロジェクトマネジメント知識体系として8つのパフォーマンスドメイン（チーム，ステークホルダー，開発アプローチとライフサイクル，計画，不確実性，デリバリー（提供・納品），測定，プロジェクト作業）とプロジェクトマネジメント標準として12の原則（スチュワードシップ，チーム，ステークホルダー，バリュー，システム思考，リーダーシップ，テーラリング，品質，複雑さ，リスク，順応性と柔軟性，チェンジ・マネジメント）が挙げられている。

②ユーザの協力義務

　一方，ユーザは，実際にシステムを開発するわけではなく，ベンダに発注する立場，費用を払う側である。しかし，どのようなシステムを開発するのかの要件は，ユーザが提示しなければならない。【裁判事例7】において，裁判所は，ユーザに求められる協力義務を次のように挙げている（図表4-5）。

図表4-5　ユーザの協力義務（裁判事例7の場合）

ユーザ

ベンダから協力を求められた場合，
これに応じて必要な協力を行うべき義務

　図表4-3で挙げたシステム開発プロジェクト体制のユーザ側のように，ユーザには，システムを利用するユーザ部門とユーザ内のシステム部門とがある。【裁判事例7】におけるユーザとは，前者になる。ユーザのシステム部門がベンダの窓口になることもあれば，ユーザ部門が直接，ベンダとやり取りすることもある。ユーザのシステム部門が窓口になる場合，ユーザ部門と連携できていないと，システム開発プロジェクトの破綻は目にみえている。システム部門主導でのシステム再構築の場合，ユーザ部門は現行システムに慣れてしまっているので変更したくないし，既存業務も忙しく，余計な作業負担になる。そもそも現行システムで十分であり，なぜ，現行システムを捨ててまで再構築するのか納得できず，システム部門への不満となる。結局，非協力的になってしまう。一方，システム部門の立場からすれば，ハードウェアやOSなどの老朽化対応，運用・保守の維持コストの抑制などから，計画的にシステムを再構築していく必要がある。ユーザ内部の連携が図れないまま，システム開発プロジェクトが進むと，ベンダからの要請にも後ろ向きになってしまう。このような観点から，ユーザ側の監査人は，ユーザ内部の意見調整，見解の統一，ベンダへの要件・仕様の説明と関連資料等の提供など，ベンダからの要請に対する協力が適切であるかどうかを「議事録」などの内容から確かめることが重要になる。

　なお，プロジェクトマネジメント義務と協力義務を契約書などに規定している例は少ないようであるが，例えば，債務不履行責任として明確にするのであれば，次のような条項として明示するとよい。

（プロジェクトマネジメント義務及び協力義務）
第○○条　甲（ユーザ）及び乙（ベンダ）は，**本件業務が円滑かつ適切に行われるよう，乙は善良な管理者の注意をもって開発業務を行うとともに甲に対して必要な説明及び提案を行い，甲は乙に対して誠実に協力するものとする。**

③企画・提案段階におけるプロジェクトマネジメント義務と協力義務

　システム開発委託契約を締結する前である企画・提案段階においても，プロジェクトマネジメント義務や協力義務が求められるのだろうか。システム開発プロジェクトは契約締結後にスタートするので，第3章で検討したような契約締結前の訴訟であれば，プロジェクトマネジメント義務や協力義務は争点にならないと考えられる。一方，契約締結後の訴訟である場合には，契約締結前からの義務として，プロジェクトマネジメント義務や協力義務が求められることがある。前掲の訴訟事件控訴審（東京高判平成25・9・26）において，裁判所は，ベンダはシステム開発の対象となるユーザの業務内容に必ずしも精通しているわけではないとしつつ，ベンダには「契約締結に向けた交渉過程における信義則に基づく不法行為法上の義務」としてのプロジェクトマネジメント義務があるとして，次のように述べている。

＜東京高判平成25・9・26 金商1428号16頁＞
　企画・提案段階においては，プロジェクトの目標の設定，開発費用，開発スコープ及び開発期間の組立て・見込みなど，プロジェクト構想と実現可能性に関わる事項の大枠が定められ，また，それに従って，プロジェクトに伴うリスクも決定づけられるから，企画・提案段階においてベンダに求められるプロジェクトの立案・リスク分析は，システム開発を遂行していくために欠かせないものである。そうすると，ベンダとしては，企画・提案段階においても，自ら提案するシステムの機能，ユーザーのニーズに対する充足度，システムの開発手法，受注後の開発体制等を検討・検証し，そこから想定されるリスクについて，ユーザーに説明

する義務があるというべきである。このようなベンダの検証，説明等に関する義務は，契約締結に向けた交渉過程における信義則に基づく不法行為法上の義務として位置づけられ，…ベンダとしてかかる義務（この段階におけるプロジェクト・マネジメントに関する義務）を負うものといえる。

　もっとも，ベンダは，システム開発技術等に精通しているとしても，<u>システム開発の対象となるユーザーの業務内容等に必ずしも精通しているものではない。</u>企画・提案段階における事前検証を充実させることにより，システム開発構想の精度を高め，想定外の事態発生の防止を図り得ると考えられるが，受注が確定していない段階における事前検証等の方法，程度等は自ずと限られ，ユーザー側の担当者等から得られる情報や協力にも限界があることは明らかである。そのため，プロジェクトが開始され，その後の進行過程で生じてくる事情，要因等について，企画・提案段階において漏れなく予測することはもとより困難であり，この段階における検証，説明等に関する義務も，このような状況における予測可能性を前提とするものであるというべきである。

　また，同控訴審では，ユーザにもシステム化する業務やリスクを分析し，説明することが求められるとして，次のように述べている。

<東京高判平成25・9・26 金商1428号16頁>
　…ベンダとユーザーの間で，システム完成に向けた開発協力体制が構築される以前の企画・提案段階においては，<u>システム開発技術等とシステム開発対象の業務内容等について，情報の非対称性，能力の非対称性が双方に在するものといえ，ベンダにシステム開発技術等に関する説明責任が存する</u>とともに，ユーザーにもシステム開発の対象とされる業務の分析とベンダの説明を踏まえ，システム開発について自らリスク分析をすることが求められるものというべきである。

　パッケージを導入するような場合には，ユーザは，ベンダからパッケージの適合率が高いと提案があっても鵜呑みにせず，業務内容から見てパッケージの適用がどの程度の範囲で可能なのかを自ら評価して，ベンダに説明するなどをしないと，ユーザの協力義務違反となる可能性があるので注意する必要がある。

ベンダの「プロジェクトマネジメント義務違反」が覆った？

　ここでは，第3章の【裁判事例4】の争点から「争点（7）プロジェクト頓挫についてのユーザとベンダの責任」を取り上げる。第一審と控訴審でベンダのプロジェクトマネジメント義務違反の認定が異なっていることに注目してほしい。

図表4-6　裁判事例4　（再掲）

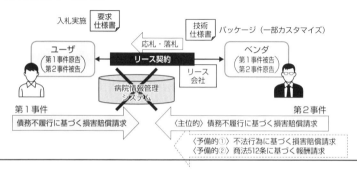

≪争点≫
(1) システムの引渡日を延期するとの合意の有無
(2) システムの完成の有無
(3) ベンダの本件契約上の義務の範囲
(4) 仕様凍結合意の意味
(5) 171項目の追加要望の開発対象該当性
(6) ユーザのマスタの抽出義務の有無等
(7) プロジェクト頓挫についてのユーザとベンダの責任
(8) ユーザの損害額
(9) ベンダの損害額
(10) ベンダの商法512条に基づく報酬請求権の有無

（1）当事者の主張と裁判所の判断

争点

プロジェクトが破綻した責任はどちらにあるのか？

◆第一審◆

当事者の主張

ユーザ （第1事件原告，第2事件被告）

　ユーザは，ベンダが一方的に開発を進めたとして，次のように主張した。

「プロジェクトが頓挫したのは，ベンダの
プロジェクトマネジメント義務違反によるものである。」

　…仮にベンダがユーザの当該要望を実現しようとすると開発納期を守れなくなることが懸念される場合には，ベンダは，…第一次的には，ユーザに対して機能的代替案…や運用的代替案を提示し，それで対処できない場合は，ユーザに対して納期遅延の懸念を明らかにした上で，納期の延期を条件として追加開発を進めるか，追加開発を断念させるための説得を行うなどの対応をし，開発プロジェクトが遅滞なく進行するか，当事者が合意する期限延長の下で進行するようにマネジメントする必要がある。本件においても，[ベンダ]はこのようなプロジェクトマネジメント義務を負っていた。…

　…[ベンダ]は，…外部設計書等の形で開発内容を合意せず，一方的に開発を進めたため，本件技術仕様書やWGでの決定事項に反した内容の開発が行われ，[ユーザ]が初めて開発中の画面・帳票類を確認した時に…指摘がされるに至った。このように，やむを得ず[ユーザ]は171項目の追加要望を出したのであり，本件プロジェクトの頓挫は[ベンダ]のプロジェクトマネジメント義務違反によるものである。…

　…本件システム開発の目的は，現行システムの到達点を原点とした上で現在の問題点を解決することにあり，現行システムで実現されて業務フローとなっている機能をあえて削除する必要性は全くない。…[ユーザ]の要望は，WGにおいて本件技術仕様書のフィット＆ギャップ分析を行う中で発生したものであり，現行システムに存在する機能や現行システムにおける運用を新システムでどのように実現するのかを[ユーザ]が確認した際に，[ベンダ]から具体的な回答や代替案の提案などがされなかったために，[ユーザ]が現行システムを例にカスタマイズを要望したにすぎないものである。…

　ユーザの主張を裏付けるためには，例えば，ベンダとの打合せの中で追加

要望を伝えたときに，ベンダがどのような発言や対応をしたのかを議事録などで残しておくとよい。要望が受け入れられて開発することができれば，何ら問題はないが，後々，追加要望が原因となってシステム開発プロジェクトの雲行きが怪しくなってきた場合に役立つ可能性がある。

ベンダ（第1事件被告，第2事件原告）

　一方，ベンダは，プロジェクトマネジメント義務違反はなく，完成したシステムをユーザが受領しなかったとして，次のように主張した。

「ユーザは，解除事由がないにもかかわらず 本件解除の意思表示をし，本件システムの受領を拒絶した。」

　…確定した仕様以外に171項目の追加開発要望がされ，[ベンダ]がこれに応じて追加開発をせざるを得なくなったことによって，当初の計画よりも業務量が増大した…。…本件要求仕様書等に現場の…意見が十分に反映されていなかったことから，本件要求仕様書及び本件技術仕様書に記載のない追加カスタマイズの要望が続出し，現行システムの機能を必須条件とする意見まで出された。

　これに対し，[ベンダ]は，可能な限り…要望を実現するよう努めたが，追加要望は膨大であり，[ベンダ]の努力では対応できない分量であったため，…要望の削減や優先順位を付するなどの対応を求めた。しかし，…103項目について重要度が高いとして[ベンダ]に対して実現を求めるなどの姿勢に終始した。…[ユーザ]の固執する現行システムの内容を検討するため，現行システムの機能を説明する仕様書や設計書などの書類の提供を求めたところ，[ユーザ]はこれを拒否した…。…最終的な譲歩案として，…[ユーザ]の追加カスタマイズ要望102項目の全てに応じることで，本件システムの仕様を凍結するよう求め，…仕様凍結に至った。…

　…本件システムは，本件解除がされた時点において，[ベンダ]が単独で実施できる開発作業は全て完了しており，完成していたというべきである。…このような事情に照らせば，[ユーザ]には，信義則上本件システムを受領する義務があるところ，[ユーザ]は解除事由がないにもかかわらず本件解除の意思表示をし，本件システムの受領を拒絶したのであるから，受領義務違反がある。

　ベンダは，次から次に出てくるユーザの追加要望に対して，できる限り対応すべく調整した結果，仕様凍結に至ったとして，プロジェクト破綻の責任

はないと述べている。もし，ユーザからの要望を漫然と聞くに留まり，具体的なアクションを起こしていなければ，プロジェクトマネジメント義務違反を問われかねない。

裁判所の判断（第一審）

ベンダのプロジェクトマネジメント義務違反の有無についてのユーザ，ベンダ双方の主張に対して，裁判所は，システム開発の専門業者であるベンダのプロジェクトマネジメントが適切ではなかったとして，次のように判示した（図表4-7）。

「ベンダは，システムが完成しなかったことについて，債務不履行に基づく損害賠償責任を負う。」

…そもそもシステムの開発過程においては，ユーザ側から，本来ベンダが開発義務を負うものではない項目について開発（カスタマイズ）が要望されることはしばしばみられる事態である。そうすると，システム開発の専門業者である［ベンダ］としては，納期までにシステムが完成するよう，［ユーザ］からの開発要望に対しても，自らの処理能力や予定された開発期間を勘案して，これを受け入れて開発するのか，代替案を示したり運用の変更を提案するなどして［ユーザ］に開発要望を取り下げさせるなどの適切な対応を採って，開発の遅滞を招かないようにすべきであったというべきである。…

…［ベンダ］としては，本来，仕様凍結合意後の［ユーザ］からの開発要望に対しては，同合意を理由に追加開発を拒絶するか，代替案を示したり運用の変更を提案するなどして［ユーザ］に開発要望を取り下げさせる，あるいは専門部会にこの問題を上程して開発方針について協議するなどの適切な対応を採るべきであったのに，仕様凍結合意後の専門部会の議事録…に照らしても，［ベンダ］がこのような対応を採ったことは何らうかがわれない。そうすると，［ベンダ］は，納期までにシステムを完成させることに十分な意識を向けないまま，［ユーザ］の要望するままに追加開発を行い，その結果プロジェクトの遅滞を招いたものといわざるを得ない。

以上によれば，本件プロジェクトが頓挫した最大の原因は，システム開発の専門業者である［ベンダ］が，［ユーザ］の追加開発要望に翻弄され，プロジェクトの進捗を適切に管理することができなかったことにあるとみるのが相当である。…

…［ベンダ］はシステム開発の専門業者であり，［ユーザ］の要望に対しても

適切に管理してプロジェクトを進めていくべき責任があったことからすると，［ベンダ］が自らの処理能力を正確に見極めることのないまま，［ユーザ］からの追加開発要望に応じたことについては，重い責任があるといわざるを得ない。

図表4-7　ベンダはユーザの要望に翻弄された

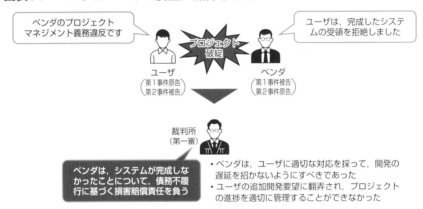

　この判決内容をみる限り，裁判所は，開催された専門部会等の「議事録」の内容から，ユーザからの開発要望に対して，ベンダが適切に対応できていなかったと判断し，システム開発プロジェクトが破綻した責任はベンダにあるとしている（ただし，ユーザにも過失があると認定している）。ここに，議事録の重要性がみえてくる。

◆控訴審◆

当事者の主張

ユーザ（第1事件控訴人，第2事件被控訴人）

　プロジェクトが破綻したことについて，第一審は，ユーザに2割，ベンダに8割の責任があると判示した。この判決にユーザとベンダはともに納得せず，控訴して争うこととなった。ユーザは，第一審での主張と同様に，控訴審でも次のように主張した。

「プロジェクトが頓挫した原因はベンダにある。」

> …［ユーザ］が多くの開発対象外の開発要望を出したという事実はなく，…［ユーザ］にマスタの抽出義務違反も認められず，本件プロジェクト遅延は［ユーザ］の責任によるものではない。
> 　…［ベンダ］のSEはパッケージを熟知していなかった可能性があり，このため本件システムに関して［ユーザ］に適切な提案等ができず，また，カスタマイズを実際に行う［パッケージベンダ］に適切な指示がされなかったことが容易に推認され，これが本件プロジェクトの遅延の一因になっているものと考えられる。このほか，［ベンダ］のSEが作成した問題管理票には，実態を反映していないものも少なくなく…，これらも，［ベンダ］のSEの資質欠如（本件システム開発遅延の一因）を示すものである。
> 　…開発対象外の開発要望は3項目…に過ぎず，これが原因となって本件プロジェクトが遅延したということはあり得ない…。仮に上記3項目以外に開発対象外の開発要望があったとしても，本件追加開発合意自体が［ベンダ］の処理能力を超える過大なカスタマイズを約束したものであったのだとすれば，その後になされた171項目の追加要望が本件プロジェクト頓挫の原因となるものではない。

　パッケージベースでシステムを開発する場合，ユーザの主張のように，ベンダのパッケージに対する知識や開発実績などが重要になる。ベンダがシステム開発の専門家であることを示す証拠を押さえておくことが有利になる。例えば，ベンダの開発実績やプロジェクトメンバのスキル・専門力などを提案書やプロジェクト計画書に記載するように求めるなどがある。

ベンダ （第1事件被控訴人，第2事件控訴人）

　一方，ベンダは，原因はユーザの協力義務違反であるとして，次のように主張した。

「システムの完成が遅延したのは，ユーザが大量の追加開発要望を出し，また，協力義務を果たさなかったからである。」

> …本件システムの完成が遅延した理由の一つは，…［ユーザ］が大量の開発対象外の開発要望を出す等したからであり，［ベンダ］には債務不履行責任がない。

> …もう一つの理由は、［ユーザ］がシステム開発の注文者として負っていた協力義務を果たさなかったからであり、［ベンダ］には債務不履行責任がない。

　ベンダは、ユーザに依頼したこと、ユーザが依頼に対して協力してくれないことなどを議事録やメールに残しておくなどがポイントになる。

裁判所の判断（控訴審）

　控訴審の裁判所は、第一審の判決を変更し、次のように判示した（図表4-8）。

「ユーザには契約上の協力義務違反（債務不履行）が認められる。」

> 　システム開発は…［ベンダ］の努力のみによってなし得るものではなく、…［ユーザ］の協力が必要不可欠であって、［ユーザ］も、［ベンダ］による本件システム開発に協力すべき義務を負う…。そして、この協力義務は、本件契約上［ユーザ］の責任とされていたもの（マスタの抽出作業など）を円滑に行うというような作為義務はもちろん、本件契約及び本件仕様凍結合意に反して大量の追加開発要望を出し、［ベンダ］にその対応を強いることによって本件システム開発を妨害しないというような不作為義務も含まれているものというべきである。
>
> 　しかるに、…［ユーザ］が本件契約及び本件仕様凍結合意に反して大量の追加開発要望を出し、［ベンダ］がこれに対応せざるを得なかったことから、本件システム開発が遅延した。また、…［ユーザ］がマスタの抽出義務を負っていたにもかかわらず、これを懈怠し、［ユーザ］の協力が得られないまま［ベンダ］が代行せざるを得なくなったことも、本件プロジェクトが遅延した理由の一つになっている。
>
> 　さらに、［ユーザ］は、［ユーザ］の追加開発要望に基づいて現行システムの備える機能を最大限取り込むことを要求しながら、そのために必要な現行システムの情報（基本設計書等）を十分に提供せず…、また、［ベンダ］が［ユーザ］に代わってマスタの抽出作業を行うに際しても、［現行システムベンダ］に必要な協力依頼を行うことを怠った…。
>
> 　そして、　本件システムは、…［ユーザ］の協力が得られずに保留せざるを得なかった１項目を除き、全て完成していたにも関わらず、［ユーザ］は、独自の見解からシステムの開発が［ベンダ］の責任で遅延したとして、一方的に本件解除をした。

図表4-8　システム開発を妨害しない不作為義務

控訴審の判決では，ユーザの協力義務には "作為義務" と "不作為義務" があるとして，情報を提供すべき義務とシステム開発を妨害しない義務の違反があるとした。また，ベンダにプロジェクトマネジメント義務違反があるかどうかについて，次のように判示した。

「ベンダにプロジェクトマネジメント義務違反はない。」

> …［ベンダ］は，…専門部会等において，繰り返し，［ユーザ］による追加開発要望の多くは仕様外のものであること，［ベンダ］としては，これらの追加開発要望に対応するのは難しく，…（本件原契約におけるリース開始日）に間に合わなくなることを説明した…。そして，［ベンダ］は，…［ユーザ］による625項目の追加開発要望を受け入れる（追加開発合意）一方で，以後は，新たな機能の開発要望はもちろん，画面や帳票，操作性に関わるものも含め，一切の追加開発要望を出さないという合意（本件仕様凍結合意）を取り付けたものである。このように，［ベンダ］は，プロジェクトマネジメント義務の履行として，追加開発要望に応じた場合は納期を守ることができないことを明らかにした上で，追加開発要望の拒否（本件仕様凍結合意）を含めた然るべき対応をしたものと認められる。
>
> これを越えて，［ベンダ］において，納期を守るためには更なる追加開発要望をしないよう注文者（［ユーザ］）を説得したり，［ユーザ］による不当な追加開発要望を毅然と拒否したりする義務があったということはできず，［ベンダ］にプロジェクトマネジメント義務の違反があったとは認められない。

　控訴審では，専門部会等でベンダが繰り返し説明し，然るべき対応をしていると判断された。ベンダに責任があるとは認めず，ユーザからベンダに約14億1千5百万円の支払いを命じる判決となり，最高裁で上告が棄却され，控訴審判決が確定した。ベンダのプロジェクトマネジメント義務違反の有無について，第一審と控訴審で判断が大きく違っているのがポイントになる。おそらく，ベンダは，第一審で提出していなかった議事録を書証として控訴審で提出したのではないかと想像する。そうすると，第一審の裁判所は，書証が不十分なことから判断ミスをしたのだろうか。ここが，第1章で触れた"弁論主義の第1テーゼ"に関わってくる。判決文を読む際に留意すべき点である。

（2）監査のポイント

　【裁判事例7】だけでなく，第3章で取り上げた【裁判事例4】でも要件定義工程で仕様が確定せず，結果として，システム開発プロジェクトが破綻した。【裁判事例5】や【裁判事例6】もパッケージ導入の失敗によるシステム開発プロジェクトの破綻であった。ユーザ，ベンダともに決してプロジェクトを破綻させようと思っていたわけではない。同じようなプロジェクトの破綻を回避するためには，ユーザとベンダそれぞれの義務の履行状況をモニタリングすることがポイントになる。

① 「議事録」の重要性
　「議事録」は，システム開発における進捗状況，課題などについての対応・管理状況，ベングのプロジェクトマネジメント義務とユーザの協力義務の具体的な履行状況などを確かめることができる資料のひとつである。監査人が確かめる証拠資料であり，訴訟に至った場合の重要な書証でもある。前掲の訴訟事件控訴審（東京高判平成25・9・26）では，議事録の重要性について，次のように述べている。

＜東京高判平成25・9・26 金商1428号16頁＞

　なお，以下の認定事実中には，ステアリング・コミッティの議事録に基づいて作業，交渉等の経緯を認定した部分が存する。[ベンダ]は，ステアリング・コミッティの議事録に基づいて本件システム開発の経過を認定することについて，同議事録の記載内容は[ユーザ]から修正を加えられたものであるとして，作業等の実態を必ずしも反映していない旨指摘している。しかし，ステアリング・コミッティは，本件システム開発の上級マネジメントレベルでの意思決定を行う目的で設定されたものであり，[ベンダ]及び[ユーザ]の双方から，本件システム開発の実施責任者が参加し，その総合評価，スケジュール・作業進捗の実績・課題の共有，重要課題の意思決定等を行うものであった。そして，そこで議論された要点については，会議の翌々営業日の午前中までに[ベンダ]が議事録を作成し，議事録データベースに登録し，同議事録によって会議の最終的な決定事項を記録化することとされていた…。議事録を確定するに当たっては，[ベンダ]及び[ユーザ]は，議事録によって作業を記録化することの意義を十分に認識しつつ，その内容と表現を検討して，会議の実態を反映したものとして，記載内容を確定させたものと推認することができる。特に[ベンダ]はシステム開発を業とする者であり，このような議事録作成の意義と方法を当然熟知していたものといえる。したがって，確定した議事録は，ステアリング・コミッティの作業実態を反映するものとして取り扱うのが相当であるといえ，特段の事情が認められない限り，前記作業の経過内容等については，そこに記載された内容が当該期日におけるステアリング・コミッティにおいて総括されたものと認定するのが相当である。

　ベンダは，システム開発プロジェクトの遂行を阻害するようなことが生じた場合，進捗会議などでユーザに説明し，議事録に残すことが重要になる。特に，役員や部長など責任者クラスの発言（意思表示）は，表見代理となる場合もあるので，相手方の発言は正確に記録しておくべきである。作成された議事録案については，双方で内容を確認し，必要に応じて修正のうえ，確定し，合意する。合意できない事項については，併記するのもよい。最終的に，双方の責任者が承認した記録を残す必要がある。一方的に議事録を送付するだけであったり，担当者の承認だけであったりすると，「**証拠力**」が弱くなる。また，ベンダは，ユーザからの議事録修正に安易に応じてはいけない。特に，双方の責任者が出席するような会議体の議事録は重要なので，慎重に対応すべきである。議事録の記載内容には，例えば，次のような事項が挙げられる（図表4-9）。

図表4-9　議事録の記載事項（例）

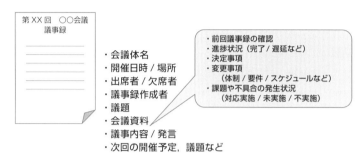

　監査人は，"議事録を作成しているか"，"責任者の承認があるか"など形式的・表面的なことを確認するだけでは不十分である。判決でも述べられているように，システム開発プロジェクトにおける会議体の位置づけ，議事録の意味や役割を踏まえて，記載内容を確かめる必要がある。ベンダ側の監査人は，ユーザからの追加要望に対する対応について，具体的に誰が，いつ，どのような発言をしたのかなど，プロジェクトマネジメント義務の履行状況がどのように記載されているかを確認する。

　一方，ユーザ側の監査人は，ベンダへの協力，ベンダの発言や対応などがどのように記録されているかを確認する。課題や不具合が生じた場合には，議事録に記載されただけでは新たなタスクにならないので，次で挙げている課題管理表や不具合管理表，WBSなどに追加されているかどうかも併せて確かめる必要がある。議事録の日付が間違っていたり，承認印などの承認された記録がなかったり，記載内容が事実と整合していなかったりすると，議事録の記載は信用できないと判断される（広島地判平成11・10・27判時1699号101頁）こともあるので留意してほしい。

　さらに，監査対象部門が提示した証拠資料だけを確認して判断してはいけない。都合のよい資料を意図的に選んでいる可能性もある。過大な，あるいは過小な指摘事項になり，経営に対して誤った監査結果を報告するおそれがあるので，十分注意する必要がある。

②システム開発プロジェクトのモニタリング

　システム開発プロジェクトは，突然，頓挫するのではなく，予兆がある。システム開発プロジェクトの監査では，プロジェクト遂行上の重要な文書や記録を確認し，プロジェクトの状況をモニタリングすることが有効になる（図表4-10）。

図表4-10　システム開発プロジェクトのモニタリング

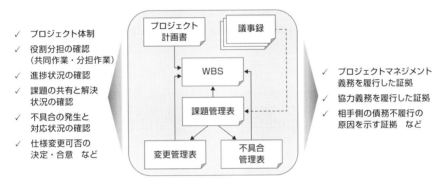

　システム開発プロジェクトをモニタリングする際，その都度，監査対象プロジェクトから証拠資料を提出してもらうのは，プロジェクト側の負担が大きい。意図的に都合のよい文書や記録だけを提示する可能性もある。そこで，プロジェクトの文書や記録が保存されている共有フォルダをオフサイトでモニタリングするとよい。生の資料が確認できるので有効である。

　例えば，図表4-11のようなプロジェクトのタスクを細分化してスケジュールを立てて進捗を管理する「**WBS**」（Work Breakdown Structure）について，直近分と前回分との変動をみることで，タスクの増減，計画と実績の予実差異，今後の計画，工数の山谷など，システム開発プロジェクトの動きを把握することができる（図表4-12）。

　また，課題が全然ないようなシステム開発プロジェクトはなく，何らかの課題があるはずである。訴訟には至らないまでも，破綻するプロジェクトには課題が山積しているのが常である。そこで重要になる文書が「**課題管理表**」

図表4-11 WBS（例）

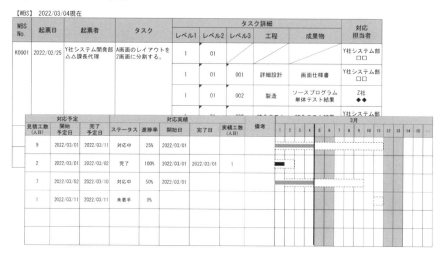

図表4-12 WBSからプロジェクトの動きを把握する

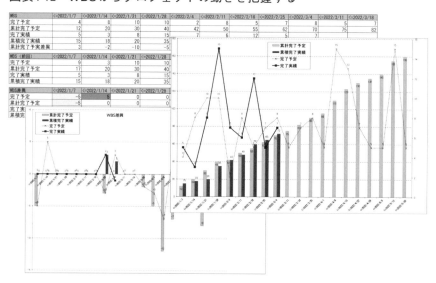

である。課題管理表には，システム開発プロジェクトを進めるうえで障害と
なり，解決しなければならない事項が一覧になっている。課題管理表が作成

図表4-13　課題管理表のモニタリング（例）

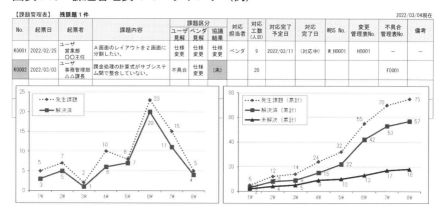

され，最新の状態に更新されているかどうかという表面的な確認ではなく，課題管理表を継続的にモニタリングして，未解決課題が増加傾向にあれば，プロジェクトマネージャに質問して，理由や対策などを確かめる必要がある（図表4-13）。

　課題の中には，不具合に分類されるものもある。ユーザとベンダが共に不具合であると認識するものはベンダが対応すれば済むことであるが，必ずしも双方の認識が一致するとは限らない。ユーザが不具合であると言っても，ベンダは仕様通りであるとして不具合と認めない場合もあり，ここが争いの種になる。課題管理表には，ユーザとベンダの認識を記載しておくとよい。

　不具合に該当するかどうかは，当該システム開発の目的，技術水準，契約金額とのバランス，現行システムがあればその機能・性能などを踏まえて検討，判断することになる。不具合として分類された課題は曖昧な状態にせず，例えば，図表4-14のような「**不具合管理表**」で管理することがポイントになる。不具合管理表には，最新版の要件定義書，基本設計書などに記載されている "あるべき仕様・機能・性能・状態"（要件定義書と基本設計書で記載内容に相違がある場合は後者が優先），不具合の内容，ユーザとベンダそれぞれの主張と裏付けとなる証拠，協議した結果などを整理して記載する。

図表4-14　不具合管理表（例）

【不具合管理表】　　　　　　　　　　　　　　　　　　　　　　　　　　　　　　　　　　　　　　2022/03/04現在

No.	起票日	起票者	仕様・機能・性能・状態など	不具合内容	ユーザ見解（裏付けとなる証拠）	ベンダ見解（裏付けとなる証拠）	協議結果	対応担当者	対応工数（人日）	対応完了予定日	対応完了日	WBS No.	備考
F0001	2022/03/03	ユーザ事務管理部△△課長	各原価を合計して、課金を計算する。	課金の計算結果が現行システムの計算結果と合わない。	不具合	各原価の小数点以下を切り捨てて合計し、課金を計算する。（第1回打ち合わせ時に口頭説明）	仕様変更	課金計算結果に対して、小数点以下を切り捨てる。（要件定義書Ver1.03 P.23）	(未)		20			
...	...												

　ユーザとベンダで協議した結果，ベンダが不具合と認識したものは，対応工数，対応完了予定日，対応完了日などを記載する。一方，不具合の認識が一致しない場合は協議を続けることになるが，協議が長引くほど，スケジュールを圧迫し，システム開発プロジェクトの破綻につながっていくので注意する必要がある。合意できないまま残っている不具合については，その状況などを質問して確かめるほうがよい。なお，訴訟において，ユーザが不具合の状況を立証できない場合，裁判所はこれを認定できないので留意する必要がある。

3

「データ移行」はユーザとベンダの
どちらがするのか?

　現行システムからリプレイスする場合，システム上に保存されているマスタや明細（トランザクション）などのデータは，新規システムに移行される（図表4-15）。

図表4-15　データ移行

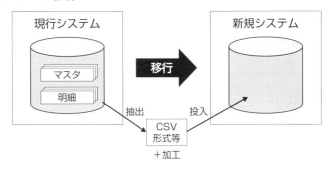

　データを移行するに当たっては，まず，移行対象となるデータを特定して，現行システムから抽出する。しかし，新規システムの開発を請け負うベンダ（以下，「開発ベンダ」という）が現行システムの開発・運用に携わったベンダ（以下，「現行システムベンダ」という）と異なる場合，開発ベンダが現行システムのデータ構造やデータ内容などの詳細まで把握することは難しい。一方，現行システムベンダにとっては，ユーザを横取りされた形になるので，積極的な協力は期待できない。ここは，両ベンダと関わりのあるユーザが主体的に調整を図っているかがポイントになってくる。データ移行は，一見，簡単な作業のように思えるが，実はとても難しく，ここにユーザの協力義務違反が問題になってくる。

　ここでは，第3章の【裁判事例4】の争点から「争点（6）ユーザのマスタの抽出義務の有無等」を取り上げ，当事者の主張と裁判所の判断から監査のポイントを検討する（図表4-16）。

図表4-16　裁判事例 4 （再掲）

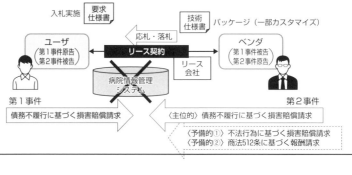

≪争点≫
(1) システムの引渡日を延期するとの合意の有無
(2) システムの完成の有無
(3) ベンダの本件契約上の義務の範囲
(4) 仕様凍結合意の意味
(5) 171項目の追加要望の開発対象該当性

(6) ユーザのマスタの抽出義務の有無等
(7) プロジェクト頓挫についてのユーザとベンダの責任
(8) ユーザの損害額
(9) ベンダの損害額
(10) ベンダの商法512条に基づく報酬請求権の有無

（1）当事者の主張と裁判所の判断

争　点

ユーザにマスタの抽出の義務はあるか？

◆第一審◆

当事者の主張

ユーザ（第1事件原告，第2事件被告）

　ユーザは，ベンダが作成した技術仕様書に記載されている内容から，次にように主張した。

「ベンダが移行対象マスタデータの
抽出作業を実施することが予定されていた。」

　…本件技術仕様書において，[ベンダ]が，[ベンダ]の費用負担の下で，既存システムマスタの抽出及び移行を行うことを合意していた。本件技術仕様書…には，「旧システムデータの抽出作業費用は，弊社の提案費用に含みます。」と記載されており，…同作業の前提として必要となる現行システムマスタの分析調査等も上記仕様に含まれる。これを受けて，[ユーザ]と[ベンダ]の協議を経て，…[ベンダ]が移行対象マスタデータの抽出及び登録を行うこととなった。

　ユーザの主張をみる限り，移行作業の費用が提案費用の中に含まれるということから，マスタの抽出・移行はベンダの作業のように思える。ただし，現行システムマスタの分析調査等については技術仕様書に明記されていないようなので，グレーな部分である。

ベンダ （第1事件被告，第2事件原告）

　ベンダは，提案補助資料に記載されている内容などから，次のように主張した。

「ユーザは移行対象マスタの抽出を行う義務を負っていた。」

　[ベンダ]は，提案補助資料において，マスタの作成及び移行対象マスタの抽出は[ユーザ]の役割，マスタ登録手順の説明及び移行対象マスタの登録は[ベンダ]の役割であることを明記し，データ移行対象範囲について，[ユーザ]が各種マスタ情報を手入力により移行することを提案している。そして，[ユーザ]は，上記の役割分担及び作業内容を了解した上で，[ベンダ]を落札者として本件[リース]契約を締結している。…
　…[ユーザ]が移行対象マスタの抽出を行う義務を負っており，その抽出には現行システムのベンダ…の協力が必要であるが，[ユーザ]が…積極的な協力依頼を継続して行わなかったために…抽出作業は大幅に遅延した。また，提案補助資料には，抽出されたマスタファイルについては，形式が指定され，更にそのマスタの内容・構成について[ベンダ]が理解できる説明があったもののみが[ベンダ]の行う移行対象マスタの登録の対象である旨記載してあるにもかかわらず，[ユーザ]は抽出されたマスタファイルの内容・構成についての説明を，[ベンダ]が理解できるレベルには準備，実施しなかった。

さらに，マスタファイルについては，作成後システム稼働開始までに，[ユーザ]
…職員による確認・検証を重ね，精度を高める必要があるところ，業務繁忙につ
き確認作業ができない等の理由で[ユーザ]…職員による確認・検証を断られた
ため，十分な精度のマスタ作成には至らなかった。…

ベンダの主張をみると，マスタの作成・抽出はユーザの役割，マスタの登
録はベンダの役割のように思われる。気になるのは，双方が主張する根拠と
なる文書が違うところである。どうも提案補助資料と技術仕様書の記載が整
合していないようであり，この点は，ベンダにとってマイナスになる。

裁判所の判断（第一審）

第一審の裁判所は，技術仕様書の記載内容，プロジェクト計画書のマスタ
スケジュール，キックオフミーティング時のユーザの発言などから，次のよ
うに判断した（図表4-17）。

「継続的な設定変更・確認が必要なマスタについては，ユーザが抽出し，必要な入力作業を行う義務を負っていたと認めるのが相当である。」

…[ベンダ]が提出した本件技術仕様書の添付資料においては，各種マスタ
の情報の入力作業は[ユーザ]が行うものとされていたこと，プロジェクト概
要においても，運用開始後もメンテナンスが必要な設定については[ユーザ]
が行うものとされていたことが認められる…。…キックオフにおいても，上記
の一般的な手順を前提として，[ベンダ]から[ユーザ]にマスタ作成への協力
要請がされたのに対し，[ユーザ]からは，マスタの作成は全て[ベンダ]が行
うべきであるなどといった発言は出されなかったことが認められる。…[ベンダ]
が作成したマスタスケジュールにおいても，マスタ作成の主担当は[ユーザ]
であるとされていたにもかかわらず，これに[ユーザ]が異議を述べた形跡は
うかがわれず，…定例会議においても，[ベンダ]からマスタ移行について説明
がされたのに対し，[ユーザ]からは特段の異議が述べられていない…。…
　…本件技術仕様書の添付資料には，各種マスタ情報について，「お客様による
入力によりその登録をお願いします。」と記載されていたこと，提案補助資料に
も[ユーザ]がＣＳＶ形式でデータ抽出をすることを前提とした記述があるこ
とに照らすと，本件技術仕様書の上記記載をもって，[ベンダ]が全ての移行対
象マスタデータの抽出作業を行う義務を負っていたと解することはできない。
　…キックオフにおいて配布されたプロジェクト概要には，マスタ作成について，

[ベンダ]が設定する部分と[ユーザ]が設定する部分があることが記載されており，この記載自体について異議が出されたこともうかがわれないことからすると，キックオフにおける参加者の発言は，上記記載を前提としたものというべきであって…。…プロジェクト計画書添付のマスタスケジュールでは，「データ移行」作業とは移行計画策定，移行ツール設計，移行ツール開発及び移行ツール試験の各作業を指すことが明らかにされていること，…マスタ作成は主担当が[ユーザ]とされていることに照らすと，…主担当が[ベンダ]とされた「マスタ移行」とは，マスタ作成作業を意味するものではないことは明らかである。…[ユーザ]は，自らが作成し，あるいは[ベンダ]の作成業務に協力すべきマスタについて，その作成を懈怠し，あるいは協力を怠った部分があることは否定できないというべきである。

図表4-17　マスタ抽出はユーザの役割？

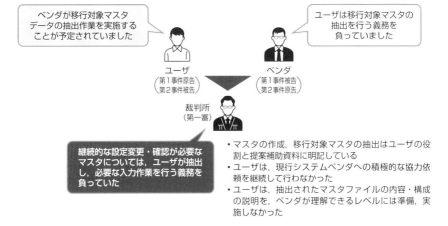

ベンダが移行対象マスタデータの抽出作業を実施することが予定されていました

ユーザは移行対象マスタの抽出を行う義務を負っていました

ユーザ
（第1事件原告
第2事件被告）

ベンダ
（第1事件被告
第2事件原告）

裁判所
（第一審）

継続的な設定変更・確認が必要なマスタについては，ユーザが抽出し，必要な入力作業を行う義務を負っていた

- マスタの作成，移行対象マスタの抽出はユーザの役割と提案補助資料に明記している
- ユーザは，現行システムベンダへの積極的な協力依頼を継続して行わなかった
- ユーザは，抽出されたマスタファイルの内容・構成の説明を，ベンダが理解できるレベルには準備，実施しなかった

　第一審の裁判所は，ベンダに軍配を上げた。もし，マスタの作成・移行作業がベンダの担当になるとユーザが主張するのであれば，ベンダがユーザに提示した資料に対して，何らかの異議を発言するはずである，という理由である。ここでも「議事録」に記載された発言の内容がポイントになっている。改めて「議事録」の重要性がみえてくる。監査人は，システム開発プロジェクトにおけるユーザとベンダの役割分担が明確になっているかどうかを確かめ，認識に齟齬がないかを検証すべきである。

◆控訴審◆

当事者の主張

ユーザ（第1事件控訴人，第2事件被控訴人）

　ユーザは，要求仕様書の記載内容やキックオフミーティングでのベンダの発言を取り上げて，次のように主張した。

「ユーザにマスタの抽出義務はなく，その懈怠もしていない。」

> 　本件要求仕様書には…「旧システムデータの抽出作業費用は，本調達に含まれる。」と記載されていた。[ベンダ]は，上記要求に応諾し，これに沿う内容の本件技術仕様書…を提出して入札した…。
>
> 　…データ移行の方法等を契約後の協議事項とすることは本件要求仕様書及び本件技術仕様書に明記されて…[い]る。[ユーザ]にはマスタをＣＳＶ形式で抽出する能力などなく，[現行システムベンダ]又は[ベンダ]に依頼するほかなかったが，その場合の費用を別途[ユーザ]が負担しなければならないとすると，…データ抽出費用を[ベンダ]の負担とした意義が失われてしまう。…
>
> 　…キックオフの席上，「マスタの移行」は全部[ベンダ]がしてくれるのかと…質問したところ，Ｃプロジェクトリーダは「はい，結構でございます。」と回答した。ここで用いられた「マスタの移行」という用語は，「原則として変更しないマスタ」のみならず，「継続的な設定変更・確認が必要なマスタ」も含んでいたことは明らかである。…
>
> 　しかしながら，マスタスケジュールにおける「マスタ作成」とは，現行システムにはないマスタを新たに作成する作業のみを意味するのであって，…現行システムからのマスタの抽出義務を[ユーザ]が負っていたことを示すものではない。
>
> 　…[ベンダ]から，抽出できないマスタに関して，「移行できない項目は，…例えばマスタ設定ができる資料のご提出により弊社がマスタ設定を行い，病院様に確認していただくか，病院様に設定していただく。」との発言があった。これは，[ベンダ]が現行システムからのマスタの抽出義務があることを前提として，抽出できない場合には[ユーザ]又は[ベンダ]がマスタを設定する可能性を示唆する発言に過ぎない。また，…J医師が「なるべく職員がマスタを作成することがないよう…お願いしたい。」と発言したが，これも，[ベンダ]が現行システムからのマスタの抽出義務があることを前提として，[ベンダ]が抽出できないマスタについて，一部[ユーザ]が協力せざるを得ない事態になってきた旨の発言に過

> ぎない。…
>
> … ［ベンダ］にマスタの抽出義務がないのであれば，［ベンダ］が…マスタの抽出作業に関する見積書を取得したり，実際にマスタの抽出作業を行ったりすることはなかったはずである。

　ここでも，キックオフミーティングの議事録に記載されていると思われる発言の内容がポイントになっている。ユーザが「マスタの移行は全部ベンダがしてくれるのか。」との質問に対して，ベンダは「はい，結構でございます。」と回答している部分は，ベンダには不利になる。ただし，ユーザとベンダそれぞれが想定するマスタ移行の対象，内容にズレがあり，お互い，都合のよいように解釈しているところに問題がある。

ベンダ （第1事件被控訴人，第2事件控訴人）

　一方でベンダは，マスタの一部について自ら作業を行っていることについて，次にように主張した。

「マスタの抽出・移行はユーザの役割である。」

> ［ユーザ］は，マスタの抽出義務を負っていたのに，これを怠った。これに反する［ユーザ］の主張は争う。
>
> なお，［ベンダ］は，［ベンダ］に移行義務がないマスタの一部についても，［現行システムベンダ］に抽出作業を依頼したり，自ら抽出作業を行ったりしているが，可能な範囲で［ユーザ］の作業に協力していたに過ぎず，だからといって，マスタの抽出作業が［ベンダ］の義務に転化するというものではない。

　遅延しているマスタ移行作業について，ベンダはやむを得ず対応したと主張している。請負契約である以上，納期があり，間に合わなければ債務不履行になってしまう。ベンダにとっては，マスタ移行作業はユーザの担当だとして何もせずにみているだけでは済まされない。このような場合，例えば，責任範囲外の作業の内容，理由，作業量，作業期間などを文書化してユーザに提示しておくなど，責任範囲外の作業の見せ方を工夫するとよい。

裁判所の判断（控訴審）

ユーザ，ベンダの主張に対して，控訴審の裁判所は次のように判示した（図表4-18）。

「ユーザがマスタの抽出義務を負わず，
その懈怠もしていない旨のユーザの主張は採用できない。」

…［ユーザ］の指摘する本件要求仕様書及び本件技術仕様書の記載…は，［ベンダ］が一定範囲のマスタの抽出作業を行うこと及びその場合の費用を［ベンダ］が負担することを定めたものに過ぎず，全てのマスタの抽出作業を［ベンダ］が行う旨定めていたということはできない。プロジェクト計画書…の「既存システムに格納されている情報を新システムへ移行する。移行範囲は大学殿と協議のうえ，決定する。」との記載も同様である。また，応札者に対する1回目のヒヤリングにおける［ベンダ］の回答…も，本件技術仕様書の上記記載について確認したにとどまり，これを超えて，全てのマスタの抽出作業を［ベンダ］が行うことを約束したものということはできない。…

…マスタスケジュールの…文言を狭く解釈すべき理由はなく，［ユーザ］の…主張は採用することができない。…

…［ベンダ］がマスタの抽出や作成を全て行うべきであるとまで［ユーザ］は考えておらず，［ユーザ］においても，一定のマスタの抽出及び作成作業を行うことを自認していたことを裏付けるものであることは明らかであって，［ユーザ］の…主張は採用することができない。…

…本件プロジェクトが停滞する中で，やむなく［ベンダ］がその一部の作業を代行したものであったと認められ…，これらの事実があったからといって，［ベンダ］が「継続的な設定変更・確認が必要なマスタ」の抽出義務を負っていたということはできない。

そして，このように［ベンダ］が［ユーザ］に代わってマスタの抽出作業を行うに当たっても，［ユーザ］は，既存システムのマスタの調査及び分析に必要な協力…を行わず，このため，［ベンダ］の負担が増大したものと認められる…。

図表4-18　ベンダはやむなく作業を代行

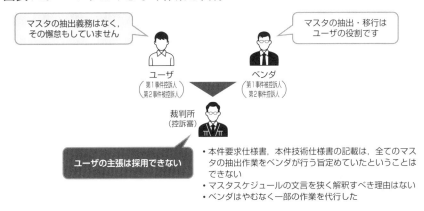

　控訴審の裁判所は，第一審の判断と同様，ユーザの主張を退け，ユーザの協力義務違反と判断した。"マスタ"という曖昧な言葉がユーザとベンダを振り回したようである。マスタには，直近のマスタだけではなく，過去のマスタ（履歴マスタ）や新たに作成するマスタもある。マスタデータの"汚れ"もある。これらを"マスタ"で一括りにしているところに問題がある。

（2）監査のポイント

①データ移行の作業内容

　データ移行の作業には，図表4-19のように，移行するデータを特定して，現行システムから抽出し，新システムに投入して，検証する流れがある。

図表4-19　データ移行の作業内容

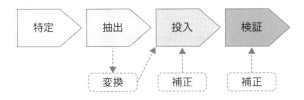

a．特定

　まず，移行すべきデータを特定する必要がある。例えば，取引先マスタや製品マスタなどのマスタデータ，生産や販売などのトランザクションデータなどがあるので，現行システムのデータファイル一覧などを参照して特定することになる。マスタデータは，履歴に注意する必要がある。直近のマスタデータだけだと，過去のトランザクションデータに対応したマスタが存在しなくなり，処理ができない可能性もでてくる。

b．抽出

　移行対象データが特定されたら，現行システムから抽出するのが次の作業になる。この抽出作業は，何回かに分けて行われる。というのは，開発中のシステムが完成し，稼働するまでは現行システム上にデータが蓄積され続けるので，いったん抽出しても，その差分を抽出する必要があるからである。また，現行システムからデータを抽出するには，抽出すべきデータがどのような形式，レイアウト，件数，期間などの状態で保存されているかを調査する必要があるので，現行システムベンダの協力は不可欠である。もし，現行システムベンダの協力が得られない場合，開発ベンダが調査することもあるが，なかなか骨の折れる作業になる。データベース設計書などの文書が最新の状態に更新されていないと手探りで調査することになって"泥沼"にはまってしまうおそれがあり，スケジュールが大幅に遅れる要因のひとつになってくる。なんとか抽出できたとしても安心するにはまだ早い。重複，欠落，余計なブランク，半角・全角混合など，データが想定する形式に整っていないことも多い。投入するフォーマットへの変換だけではなく，データの整合性や質を高める「**データクレンジング**」が必要になる〈コラム9「データクレンジング」　参照〉。

c．投入

　次は，新規システムへの投入になる。抽出したデータが正しく変換できていれば，投入はスムーズにできる。しかし，例えば，文字コードであった取引先コード"00051"を数値型"51"で取り込むなどのように，文字コード違いによる文字化け，区切り文字，改行コード，ゼロやスペース埋めの有無

などによってエラーが生じる。これらのエラーデータを根気よく補正してい
くしかない。投入の仕方も一括で投入するのか，あるいは分割して投入する
のか，差分を投入するのかなど，投入方法を事前に決めて合意しておく必要
もある。

d．検証

最後は，投入したデータの検証である。例えば，現行システムのレコード
件数と移行結果のレコード件数のチェック，定義された桁数やデータ型のチ
ェック，マスタファイルとの整合チェックなどが挙げられる。現行システム
と差異が生じるような場合には，補正の要否をユーザとベンダで協議し，対
応を明確にしておく必要がある。

②現行システムからの移行データ抽出

データ移行作業で問題となるのは，現行システムから移行するデータを特
定して，抽出する作業を開発ベンダが担当するパターンである。現行システ
ム上の移行対象データについて十分に調査・分析しないと，抽出すべきデー
タの漏れや不整合などが原因となって，変換や移行に手間取ることになる。
結果として，システム開発プロジェクトが大きく遅延し，納期が守れない，
データ品質が低く正しく処理できないなどの事態に至り，ベンダのプロジェ
クトマネジメント義務違反になるおそれがある。

例えば，システム開発等の請負契約に基づくベンダの債務に履行遅滞があ
り，それを理由にユーザが請負契約等を解除し，ベンダに対し，契約解除に
よる原状回復請求，履行遅滞または不法行為による損害賠償を請求した訴訟
事件（東京地判平成28・11・30）では，ベンダに注意義務違反があるとして，
次のように認定されている。

＜東京地判平成28・11・30（ウエストロー・ジャパン2016WLJPCA11308027）＞
　…［ベンダ］は，本件請負契約に基づくデータの移行業務として，本件旧シス
テム上のデータを本件新システムに単に移行させることにとどまらず，移行した
データにより本件新システムを稼働させる債務，具体的には，データの移行業務

> を開始する前に，本件旧システム上の移行の対象となるデータを調査・分析して，データの性質や状態を把握し，そのデータが本件新システムに移行された後，その稼働の障害となるかを検討し，障害となる場合には，いつ，いかなる方法で当該データを修正するかなどについて決定した上で，データの移行業務（移行設計，移行ツールの開発，データの移行）に臨み，最終的には，本件旧システムから移行したデータにより本件新システムを稼働させる債務を負担していたものと認めるのが相当であり，本件においては，データ移行に当たり，データ不整合を是正・解消すべき義務を負うものというべきである。

　一方，現行システムベンダへの協力要請をユーザが開発ベンダから受けても何ら対応しないような状況だと，ユーザの協力義務違反を問われる可能性もあるので，ベンダからの要請に対する対応状況を確かめるとよい。

　また，本章2で触れたように，"マスタ抽出作業"という言葉自体にも曖昧さがある。一言でマスタといっても，現行システム上の既存マスタと，新たに作成するマスタがある。現行システム上のマスタにも，直近のマスタと過去の履歴マスタがある。"ユーザと協議のうえ決定する"という記述がある場合は要注意である。何を，どのように，誰と，いつまでに，を明確にしておかないと，後回しになってしまい，いつまで経っても決まらない状況が続くおそれがある。ユーザの担当部分になるマスタ抽出作業をベンダが代行するのであれば，どの作業をどれくらいの工数をかけて代行しているのかをはっきりと示しておく必要がある。

　このように，データ移行作業には，想定しない事態が生じる可能性が高い。請負契約の中にデータ移行作業が含まれている場合には，システム開発プロジェクトに大きな影響を及ぼすおそれがある。移行データの作業量が読み切れないような場合は，データ移行作業を準委任契約として別に切り出すほうが無難である。

監査人がみるポイント

● 「議事録」からプロジェクトマネジメント義務と協力義務の履行状況を読み取る。

● 「課題管理表」「不具合管理表」をモニタリングし，システム開発プロジェクトの動き（リスク）を把握する。

● 現行システムにはダーティデータが潜んでいる。データ移行は難しい。

コラム 9

データクレンジング

　長期間利用してきた現行システムの保存データには，古い内容のデータや例外対応で重複したり不整合となったりしたデータ，入力ミスや文字化けしたデータなど，さまざまなダーティデータ（Dirty Data）が含まれていることがある。現行システムからのデータ移行では，このようなダーティデータを特定して，修正したり，削除したりする必要がある。これを「データクレンジング」（Data Cleansing）という。現行システムのオーナーはユーザであるが，どれくらいのダーティデータがあるかはおそらくわからない。ましてや，現行システムから移行して新規システムの開発を請け負うベンダにはまったくわからない。ベンダが安易にデータ移行作業の役割を負ってしまうと，想定外のダーティデータに振り回されて，データ移行作業が大きく遅れてしまい，システム開発プロジェクトの遅延を招くおそれがある。データ移行に当たっては，次の点などを明確にすることがポイントになる。

　　・どの程度のダーティデータがあるのか

　　・誰がデータクレンジングをするのか

　　・どのような基準で変換するのか

　　・どのように検証するのか

第 5 章

システム運用段階における
監査のポイント

　システム運用段階において訴訟になった場合，ユーザとベンダの信頼関係がなくなったとしても，ユーザが契約をすぐに解除してシステム運用の委託を中止することは容易ではない。たとえ中止するにしても，別のベンダを探してきて，運用業務を引き継ぎしてからになる。運用時の例外処理など，細かなことまで漏れなく引き継がれるかどうかもわからず，リスクが大きい。本章では，人的要因，ハードウェア障害，ソフトウェア・バグが原因によるシステム障害から訴訟になった３つの裁判事例を題材にして，システム運用段階における監査のポイントを解説する。

本章の内容

▶ベンダの作業ミスでデータが消失した！
▶ハードウェア障害はベンダの落ち度？
▶バグがあるのはプログラムの欠陥？

1

ベンダの作業ミスでデータが消失した?

（1）事件の概要

　ビジネスやサービスの多様化，スピード化がますます進む中，図表5-1のようなクラウドサービスやホスティングサービスの形態によるシステム利用が広がってきている。

図表5-1　システムの運用形態

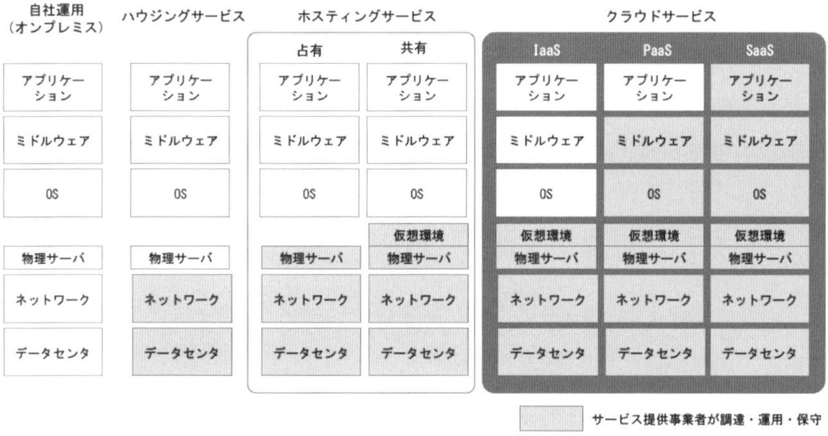

　総務省が毎年，調査している通信利用動向調査によれば，クラウドサービスの利用は年々増加傾向にあり，利用用途も多岐にわたっている（図表5-2，図表5-3）。また，政府情報システムのシステム方式について，クラウドサービスの利用を第1候補とする「クラウド・バイ・デフォルト原則」の基本方針も出されている。

　一方で，クラウドサービスの障害によって，複数のユーザがシステムを同時に利用できなくなるようなクラウドサービス特有の事案も生じている。例えば，IaaSのクラウドサービスにおいてストレージのファームウェア不具合

が原因で発生したシステム障害では，一部の仮想領域に不整合が発生し，仮想OSが仮想ディスクにアクセスできず，運用の不備からバックアップが取れていなかった複数ユーザにおいて，一部データが消失してしまった事例がある。

図表5-2　クラウドサービスの利用状況

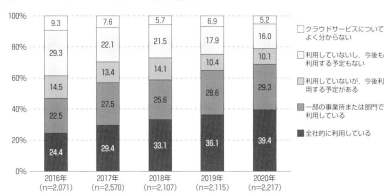

出所：総務省「令和2年通信利用動向調査の結果（令和3年6月18日）」（2021年）に基づき筆者作成。

図表5-3　利用しているクラウドサービスの内容

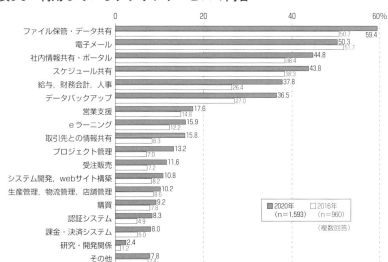

出所：総務省「令和2年通信利用動向調査の結果（令和3年6月18日）」（2021年）および「平成28年通信利用動向調査の結果（平成29年6月8日）」（2017年）に基づき筆者作成。

　システム運用段階において訴訟になるのは，オンプレミス環境でシステム運用の一部をベンダに委託するような場合ではなく，利用しているクラウドサービスなどでシステム障害が発生し，損失を被ったような場合が多い。

　ここで取り上げる裁判事例は，ベンダがレンタルサーバ上のファイルを移行作業中，ファイルが消滅してしまった事案である（図表5-4）。原因は，ベンダの作業ミスという人的要因であることから，ベンダに責任が100％あるようにも思えるが，裁判所は，ユーザにも一部，責任があると判断した。

裁判事例　8　東京地判平成13・9・28（ウエストロー・ジャパン2001WLJPCA09280009）

訴　え

ユーザ（甲事件）

> 　ベンダとワールドワイドウェブレンタルサーバーサービス契約を締結し，ユーザが作成したホームページのファイルをベンダのサーバー上に転送し，保管していた。ところが，サーバのセキュリティ強化のために，ベンダがユーザのファイルのほか他の顧客のファイルを他のディレクトリに移し替え作業を実施した際にファイルが消滅したことから，同契約にかかる債務不履行に基づき，損害から填補済みを差し引いた賠償を請求した。

ベンダ（乙事件）

> 　覚書に基づき，ベンダがユーザに支払った仮払金からホームページの再構築費用相当額を差し引いた清算金の返還を請求した。

請　求

ユーザ（甲事件）

　［ベンダ］は，［ユーザ］に対し，1億0629万7324円及びこれに対する平成12年9月14日から支払済みまで年5分の割合による金員を支払え。

ベンダ （乙事件）

[ユーザ]は，[ベンダ]に対し，2601万円及びこれに対する平成12年9月19日から支払済みまで年6分の割合による金員を支払え。

判決：主文

1 [ユーザ]は，[ベンダ]に対し，2263万5000円及びこれに対する平成12年9月19日から支払済みまで年6分の割合による金員を支払え。
2 [ユーザ]の請求及び[ベンダ]のその余の請求をそれぞれ棄却する。
3 訴訟費用は，甲事件及び乙事件を通じてこれを40分し，その1を[ベンダ]の負担とし，その余は[ユーザ]の負担とする。
4 この判決は，第1項に限り，仮に執行することができる。

図表5-4　裁判事例8

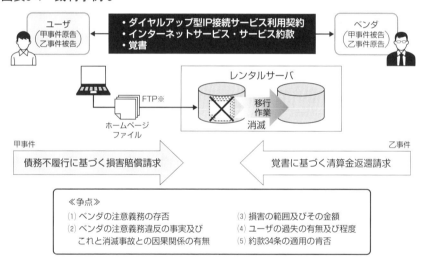

※FTP（File Transfer Protocol）：ネットワーク上でファイルを転送するための通信プロトコルの1つ

（2）当事者の主張と裁判所の判断

　【裁判事例8】では5つの争点が整理された。ここでは「争点（1）ベンダの注意義務の存否」，「争点（4）ユーザの過失の有無及び程度」および「争点（5）約款34条の適用の肯否」を取り上げて，当事者の主張と裁判所の判断から監査のポイントを検討する。

争点 1

ベンダには保管ファイルを消滅させない注意義務があるか？

　まず，システム運用における委託業務の範囲，内容に関わる争点である。ユーザは，できるだけ多くのことをベンダに対応してもらいたいと思う。一方，ベンダは，契約で定められた以上のことはしない。双方の認識に齟齬があったとしても，システム障害が生じなければ，なかなか表には現れてこない。本事案では，"データ消滅"というリスクが顕在化したことで認識の違いが表面化した。

当事者の主張

　ユーザ（甲事件原告，乙事件被告）

　ユーザは，ファイルを保管することが有償寄託契約あるいは貸金庫契約と同様の契約内容であるとして，次のように主張した。

「ベンダは，保管ファイルを消滅させない注意義務を負う。」

> 　本件サービス契約は，〈1〉[ベンダ] が [ユーザ] からファイルを預かり，サーバーに保管し，管理すること及び，〈2〉[ベンダ] がインターネット利用者に通信手段を介してサーバーに接続させ，サーバー内のデータを受信させることの二つを契約の本質的要素として含んでいる。〈1〉の法律関係は，有償寄託類似の契約又は貸金庫契約類似の契約といえる。有償寄託類似の契約だとすれば，[ベンダ] は保管ファイルにつき善管注意義務を負うと考えられ，貸金庫契約類似の契約だとすれば，[ベンダ] は保管ファイルを損壊させないという付随義務を負うと考えられる…。

「寄託」とは，当事者の一方が相手方のために保管をすることを約してある物を受け取ることによってその効力を生ずる（民法657条）。有償寄託の場合，善良な管理者の注意をもって保管する義務（民法400条）があり，商事寄託の場合は，無償でも善管注意義務がある（商法595条）。ユーザは，ベンダにはファイルが消滅しないような善管注意義務があると主張した。

ベンダ （甲事件被告，乙事件原告）

一方，ベンダは，ファイルの保存はユーザの自己責任であるとして，次のように主張した。

「保管ファイルを消滅させないという注意義務を負わない。」

> プロバイダー（接続業者）である［ベンダ］が［ユーザ］に対し本件サービス契約に基づいて負う義務は，接続設備を提供することによって，［ユーザ］が作成，転送してきたホームページのファイルを［ベンダ］のサーバーにおいて一般の閲覧に供させるという点に尽き，ファイルの内容自体には及ばない。［ベンダ］のサーバーは［ユーザ］が発信した情報の通過点にすぎないのであって，［ユーザ］が作成したファイルそれ自体の保存については［ユーザ］が自己の責任で行うべきである。

オンプレミス環境とは違って，ホスティングサービスやクラウドサービスでは，ベンダであるサービス提供事業者のシステム環境にユーザのデータがある。データは組織にとって最重要の資産のひとつであり，これが消滅すると事業が継続できなくなるおそれがある。ベンダは，ユーザの自己責任でファイルを保存すべきであると主張している。

裁判所の判断

ユーザとベンダの主張に対して，裁判所は次のように判示した（図表5-5）。

「ベンダは，ユーザに対し，本件注意義務を負うと解すべきである。」

　一般に，物の保管を依頼された者は，その依頼者に対し，保管対象物に関する注意義務として，それを損壊又は消滅させないように注意すべき義務を負う。この理は，保管の対象が有体物ではなく電子情報から成るファイルである場合であっても，特段の事情のない限り，異ならない。

　確かに電子情報は容易に複製可能であるから，依頼者の側で保管対象と同一内容のファイルを保存する場合が少なくないとしても，そのことをもって一般的に保管者の上記注意義務を否定することは妥当でない。

　…本件サービス契約において，［ユーザ］が作成，転送したファイルを［ベンダ］が自己のサーバーに保管するという形態がとられていることは明らかである。そして，［ベンダ］主張のように［ベンダ］のサーバーは［ユーザ］が発信した情報の通過点にすぎないとはいい切れないし，また，本件において，保管ファイルの内容につき［ユーザ］のみが保存の責任を負うとの合意等も認められない。

図表5-5　ファイルを消滅させない注意義務？

　民法上の寄託契約は"物"（有体物）を想定しているが，裁判所は，無体物である電子情報から成るファイルについても同様であるとして，保管者に

は注意義務があると判断している。別の訴訟事件（東京地判平21・5・20）では、利用契約の免責規定を前提に利用しているということから、消失防止義務を負わないという逆の判例もある。契約上、どのような免責規定になっているかは確認すべきポイントになる。

争点 2

ユーザにはバックアップをとっていない過失があるか？

当事者の主張

ベンダ（甲事件被告，乙事件原告）

　ファイル消滅というリスクが顕在化した場合の影響を最小限にするためのコントロールのひとつに"バックアップ"がある。そのバックアップについて、ベンダは次のように主張した。

「ユーザには，バックアップをとっていなかったという重大な過失がある。」

　　…本質的にインターネット通信には情報の改変，破壊が付きまとうことを考えると、これを廉価で利用しようとする者は、自己の責任において、その危険性を十分予見し、自己の作成したファイルのバックアップをとるなどの保存措置を講じて自らの損害を回避すべきであり、かつ、それは極めて容易で、費用も労力もほとんどかからずに可能である。とりわけ、本件レンタルサーバー契約に基づくサービスは、本件IP接続サービスに付加された無償のサービスなのであるから、[ユーザ]は、自己の責任において、本件ファイルの元になったファイルを管理すべき義務を負うと解すべきである。ところが、[ユーザ]は、重大な価値があると自らが考える本件ファイルの元になったファイルにつき、バックアップを全くとらなかった。これは、[ユーザ]が契約の一方当事者として信義則又は衡平上当然負うべき損害回避義務に違反する重大な過失というべきである。
　　なお、[ユーザ]のパソコンで作成された、本件ファイルの元となったファイルは、本来、[ユーザ]の元で保管されているものであるが、仮にそれが[ユーザ]のパソコンのハードディスクがクラッシュしたために消失したものだとしても、消失後直ちに、[ベンダ]のサーバー上にある本件ファイルを自己のパソコン上に転送することによって、極めて容易にそのデータを手元に回復することができた。[ユーザ]は、それをしないで漫然と放置したために、本件ファイル内容の復元を

不可能にしたことについても過失がある。

　また，［ベンダ］が［ユーザ］に対し本件ホームページの復元協力を申し出たのに対し，［ユーザ］は，手元にキャドデータ，写真データ等本件ホームページを作成するための資料を残していながら，かたくなに申出を拒否し，損害の拡大を防止しなかった過失もある。

　ユーザは，もともとサーバに転送する元ファイルをパソコン上に保存していた。本事案でファイルが消滅する1か月ほど前にそのパソコンが故障（クラッシュ）し，その不具合対応としてパソコンを初期化した結果，パソコン上に保存されていたファイルが消去されてしまった。ユーザは，常時バックアップをとることをしておらず，本事案のファイル消滅時，ファイルのバックアップデータは残っていなかった。パソコンを初期化した後，ユーザがベンダのサーバから本件ファイルをパソコンに転送して保存することは極めて容易であったのにその措置をとらなかったという経緯から，ベンダは，ユーザに重過失があると主張している。

ユーザ（甲事件原告，乙事件被告）

　ベンダの主張に対して，ユーザは次のように反論した。

「ユーザに本件ファイルのバックアップをとる義務はなく，過失はない。」

　本件消滅事故は専ら［ベンダ］の作為によって生じたものであって，本件ファイルの消滅自体に関して［ユーザ］は何らの関与もしていない。…

　また，［ユーザ］がバックアップの措置等による損害回避義務を負うかについては，［ユーザ］が，［ベンダ］によって本件ファイルが消滅させられることを予見すべきであったとはいえないことから，バックアップをとる作為義務を法的義務として認めることはできないし，その不作為を法的な意味での過失とまではいえないと考えられる。

　［ユーザ］としては，［ベンダ］が大手セキュリティ会社の関連会社であると説明され，またプロバイダー会社であることから，よもや本件ファイルを消滅させることなど考えなかったが，そのこと自体はやむを得ないことである。また，専門業者であるプロバイダーが保管を依頼されたファイルを消失させたという事例が従来公には報告された例がないことからも，一般利用者にすぎない［ユーザ］が，

本件ファイルが［ベンダ］の下で消滅することを予見すべきであったとはいえない。確かにインターネット通信には情報の改変，破壊の危険があり，その危険は予見可能であるが，プロバイダーのサーバー内に一旦正常に保管されたファイルがそのサーバー内から消滅することまで予見することは不可能である。

ユーザは，専門業者のプロバイダーであるベンダを信頼し，ファイルを消滅させるようなことが生じるとは予見できず，バックアップをとらなければいけないとは想定できなかったと主張している。

裁判所の判断

裁判所は，諸般の事情を斟酌すればユーザにも責任があるとして，次のように判示した（図表5-6）。

「過失相殺としてユーザの損害の2分の1を減額するのが相当である。」

　…［ユーザ］は，本件ファイルの内容につき容易にバックアップ等の措置をとることができ，それによって…損害の発生を防止し，又は損害の発生を極めて軽微なものにとどめることができたにもかかわらず，本件消滅事故当時，［ユーザ］側で本件ファイルのデータ内容を何ら残していなかったものと認められる。そして，本件においては，［ベンダ］の損害賠償責任の負担額を決するに当たり，この点を斟酌して過失相殺の規定を適用することが，損害賠償法上の衡平の理念に適うというべきである。…

　…過失相殺を適用するに当たっては，［ユーザ］に本件ファイルの消滅という結果発生に対する予見可能性が認められれば十分であって，その結果に至る因果経過として，［ベンダ］の本件注意義務違反により本件ファイルが消滅したことに対する予見可能性までは必要ないと解すべきである。

　…［ユーザ］代表者…は，ホームページにハッカー等が侵入する危険について認識していたことが明らかであり，また，［ユーザ］は，インターネット通信には情報の改変，破壊の危険があり，その危険は予見可能であったことを認めているのであるから，［ユーザ］は，インターネット通信固有の原因により本件ファイルが消滅する危険は予見していたと判断され，本件ファイルの消滅という結果発生に対する予見可能性が十分に肯定され，過失相殺の適用を肯定する上での支障は到底認められないものと解される。

図表5-6　ユーザにもバックアップの責任がある？

裁判所は，ユーザがバックアップを残していなかったことやインターネット環境の危険性を予見可能であったことなどから，ユーザにも過失があると判断し，損害額の半分を過失相殺している。バックアップは，クラウドサービスやホスティングサービスを利用する際のポイントになる。

争点 3

ベンダの免責規定は適用されるか？

3つ目は，システム障害時などにおける免責に関わる争点である。ベンダの約款には，次のようなことが規定されていた。

約款30条
　　当社は，…インターネットサービスを提供すべき場合において，当社の責に帰すべき事由により，その利用が全く出来ない状態が生じ，かつそのことを当社が知った時刻から起算して，連続して12時間以上…インターネットサービスが利用できなかったときは，契約者の請求に基づき，当社は，その利用が全く出来ない状態を当社が知った時刻から，その…インターネットサー

ビスの利用が再び可能になったことを当社が確認した時刻までの時間数を12
で除した数（小数点以下の端数は切り捨てます）に基本料の月額の60分の1
を乗じて得た額を基本料月額から差引ます。ただし，契約者は，当該請求を
なし得ることとなった日から３ケ月以内に当該請求をしなかったときは，そ
の権利を失うものとします。

約款34条

　　当社は，契約者が…インターネットサービスの利用に関して損害を被った
場合でも，第30条（利用不能の場合における料金の精算）の規定によるほか，
何ら責任を負いません。

当事者の主張

ベンダ（甲事件被告，乙事件原告）

　ベンダは，ファイル消滅が約款に記載されている"その利用がまったく出
来ない状態"に該当するとして，次のように主張した。

「約款34条は，本件消滅事故にも適用される。」

> 　本件約款34条は，[ユーザ]が本件レンタルサーバー契約に基づくインターネッ
> トサービスを利用中，本件消滅事故に遭い損害を被ったという本件のような場合
> にも適用される。
> 　したがって，[ベンダ]の責任は，本件約款34条，30条の範囲にとどまる。すな
> わち，[ベンダ]の負担すべき損害賠償金額は，上記規定を類推して金額に換算す
> れば，通常のホームページの再構築費用相当額を超えることはな…い。

　免責に該当する状況を詳しく規定すれば適用可否の判断がはっきりするが，
逆に適用できない場合が広くなってしまう可能性もあるので，どうしてもあ
いまいな記述になってしまう。ベンダは，ユーザのファイル消滅によりサー
ビスが利用できなくなった状況も約款の免責規定に該当すると主張している。
しかし，もともと想定してたわけではなく，少し強引に解釈しているように
も思われる。

[ユーザ] （甲事件原告，乙事件被告）

ベンダの主張に対して，ユーザは次のように反論した。

「本件約款34条は，本件には適用されない。」

本件約款34条，30条は，通信障害によるサービスの不履行について規定したものである。しかし，本件消滅事故は，通信過程での障害によるものではない。すなわち，通信過程での障害とは，通信回線を通じて何らかのファイルを送信又は受信するときに，通信途中のトラブルによって送受信ができなかったり，データが不完全又は変容されて送受信されたりすることを意味するが，本件消滅事故は，［ベンダ］が既に［ベンダ］サーバー内に保存していた本件ファイルを，［ベンダ］の都合で他のディレクトリに移行させる途中で，誤って消滅させてしまったというものであり，通信過程で生じたものでは決してない。

ベンダの約款をみる限り，想定しているのはあくまで通信障害であって，ユーザの主張に分がありそうである。

裁判所の判断

ベンダとユーザの主張に対して，裁判所は次のように判示した（図表5-7）。

「約款34条は，本件には適用されないと解すべきである。」

本件約款34条は，契約者が［ベンダ］のインターネットサービスの利用に関して損害を被った場合でも，［ベンダ］は，本件約款30条の規定によるほかは責任を負わないことを定めているが，その本件約款30条は，契約者が［ベンダ］から提供されるべきインターネットサービスを一定の時間連続して利用できない状態が生じた場合に，算出式に基づいて算出された金額を基本料月額から控除することを定めているにすぎない。

これらの規定の文理に照らせば，本件約款30条は，通信障害等によりインターネット・サービスの利用が一定期間連続して利用不能となったケースを想定して免責を規定したものと解すべきであり，本件約款34条による免責はそのような場合に限定されると解するのが相当である。

実質的にも，［ベンダ］の積極的な行為により顧客が作成し開設したホームページを永久に失い損害が発生したような場合についてまで広く免責を認めることは，損害賠償法を支配する被害者救済や衡平の理念に著しく反する結果を招来しかねず，約款解釈としての妥当性を欠くことは明らかである。

> 本件は，…［ベンダ］の本件注意義務に違反する行為によって［ユーザ］が作成開設したホームページを喪失して損害を被ったと認められる事案であり，通信障害等によりインターネットサービスの利用が一定期間連続して不能となった場合には当たらない。

図表5-7　免責規定は適用される？

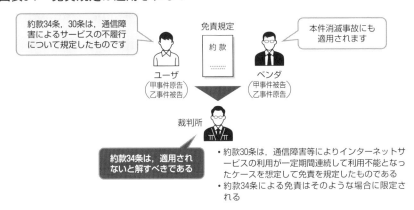

・約款30条は，通信障害等によりインターネットサービスの利用が一定期間連続して利用不能となったケースを想定して免責を規定したものである
・約款34条による免責はそのような場合に限定される

　約款による契約では，一方の当事者が作成あるいは使用した契約条件を他方が受け入れ，個別の契約条件を交渉する余地がないのが通例である。ベンダが提示した約款について，特に免責条件などでユーザに不利になっていないかを確かめる必要がある。また，状況次第では，ベンダがユーザに対して，免責条項の内容を説明しているかどうかが過失の認定に影響する可能性もあるので留意してほしい。

コラム 10
データ消失時の顧客に対する法的責任

　クラウドサービスに関して，経済産業省「電子商取引及び情報財取引等に関する準則」には，データ消失時のクラウドサービス事業者の契約上の責任について次のような記述がある。クラウドサービスにおける注意点として参考になる。

【論点】クラウドサービスで顧客のために保管していたデータが消失した場合
には，クラウドサービス事業者は顧客との契約上どのような責任を負
うか。

（1）データ消失防止義務違反による債務不履行に基づく損害賠償責任
　　・データ消失防止義務の内容や程度は，契約条件と当該クラウドサービ
　　　スに要求される信頼性水準（例：有償／無償）などの個別具体的な事
　　　情により異なる
　　・データ消失による損害
　　　①消失したデータの復旧・再構築費用
　　　②データ消失によって生じる顧客の事業の支障による逸失利益
　　　※一般的に生じる損害を超えるような損害について，データ保有者
　　　　である顧客固有の事情をクラウドサービス事業者が予見できない
　　　　場合，クラウドサービス事業者は損害賠償責任を負わない（民法
　　　　416条2項）
　　・データ保有者である顧客にバックアップ作成義務がある場合には，過
　　　失相殺が認められる
（2）免責条項とその効力の制限
　　・顧客が事業者である場合，消費者契約法の適用がないため，契約上の
　　　責任制限は有効である（ただし，故意・重過失では適用されない）

出所：経済産業省「電子商取引及び情報財取引等に関する準則（令和2年8月改訂）」（2020
　　　年，326-328頁）に基づき筆者作成。

（3）監査のポイント

①クラウドサービス特有のリスク

　クラウドサービスやホスティングサービスでは，システム環境がベンダの
管理下にあるので，ベンダの作業ミスなどでシステムが利用できなくなるお
それがある。自組織以外の他ユーザとシステム資源を共有して利用するので，
他ユーザに関わる作業が影響して思わぬトラブルに巻き込まれる可能性もあ
る。このように，クラウドサービスを利用する場合は，オンプレミス環境と
は異なるリスクにも注意する必要がある（図表5-8）。

図表5-8　クラウドサービスのリスク（例）

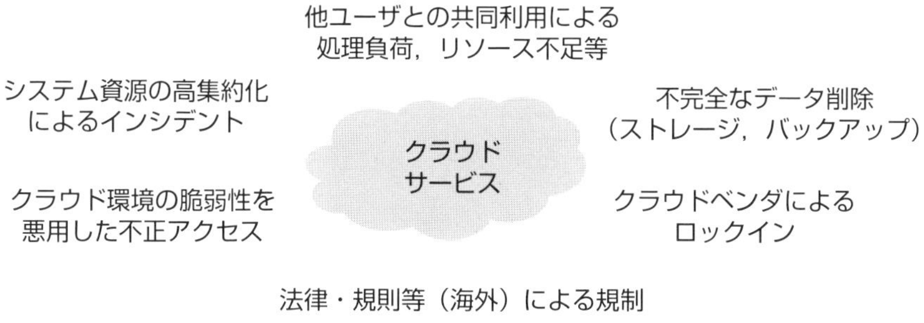

他ユーザとの共同利用による
処理負荷，リソース不足等

システム資源の高集約化
によるインシデント

不完全なデータ削除
（ストレージ，バックアップ）

クラウド
サービス

クラウド環境の脆弱性を
悪用した不正アクセス

クラウドベンダによる
ロックイン

法律・規則等（海外）による規制

②クラウドサービスのサービスレベル

　クラウドサービスを利用するに当たっては，どのようなサービスが提供されるのか，システム障害に備えてどのような対策を講じているのかなどの「**サービスレベル**」を事前に押さえることが重要になる。サービスレベルには，例えば，図表5-9のような項目が挙げられる。利用するクラウドサービスのサービスレベルが自組織のビジネスやサービスの継続性と整合するかなどを確かめる必要がある。

図表5-9　サービスレベル項目（例）

分類		サービスレベル項目
アプリケーション運用	可用性	サービス時間，計画停止予定通知，サービス稼働率，ディザスタリカバリ，重大障害時の代替手段，代替措置で提供するデータ形式，アップグレード方針など
	信頼性	平均復旧時間，システム監視基準，障害通知プロセス，障害通知時間，障害監視間隔，サービス提供状況の報告方法／間隔，ログの取得
	性能	オンライン応答時間，バッチ処理時間
	拡張性	カスタマイズ性，外部接続性，同時接続利用者数
サポート		サービス提供時間帯（障害対応），サービス提供時間帯（一般問合せ）
データ管理		バックアップの方法，バックアップデータの保存期間，データ消去の要件
セキュリティ		公的認証取得の要件，アプリケーションに関する第三者評価，情報取扱者の制限，情報取扱い環境，通信の暗号化レベル

出所：経済産業省「SaaS向けSLAガイドライン（平成20年1月21日）」（2008年）に基づき筆者作成。

③バックアップの重要性

【裁判事例8】において，ベンダは，サーバ内のファイルのバックアップを1週間に一度の割合でとっていた。しかし，なぜか本件ファイルのバックアップは残っておらず，本件作業に際し，バックアップを適切にとっていなかったことが認められている。ベンダは，本件作業後，各ファイルが正常に残っているかどうかにつき自動でチェックしたが，その際には，異常は感知されなかった。そもそもバックアップ対象から漏れていたら，異常が感知されないのは当然である。バックアップの対象に漏れがないようにするために，どのようにチェックしているかを確認する必要がある。

バックアップを取得するルールには，例えば，「3-2-1ルール」がある。米国土安全保障省のセキュリティ組織US-CERT（United States Computer Emergency Readiness Team）が提示したルールである（図表5-10）。例えば，バックアップデータを内蔵ディスク，外部記録メディア，クラウド環境のそれぞれに保存すれば，3-2-1ルールを満たすことができる。ランサムウェアによる攻撃ではバックアップも暗号化されてしまうことがあるので，3-2-1ルールはランサムウェア対策に必要不可欠ともいわれている。

図表5-10　バックアップの3-2-1ルール

一方，ほとんどのクラウドサービスの約款には，次のようにバックアップをユーザの責任としている規定があるので，バックアップについてどのような責任があるかを確認するとよい。ユーザ側でバックアップが必要な場合，バックアップとリストアの方法・手段（有償／無償）など，ベンダから説明を受けているかどうかも責任分界点になるので留意する。

約款（例）

第○○条（データの取扱い）

　利用者は，本サービス用機器の故障その他の理由による保存データの滅失に備え，利用者が重要と判断したデータのバックアップを取っておく等，自己の責任と費用負担において必要な措置をとるものとします。

　また，システム的なバックアップについて，適切に管理しているかどうかを確かめるには，例えば，次のような項目が挙げられる。

・バックアップ対象

　（データファイル，プログラムファイル，ネットワーク設定情報など）

・バックアップ方法（フル，差分／増分）

・バックアップ頻度（オンライン，日次，週次，月次など）

・バックアップが正常に取得できていることの確認

・バックアップ媒体の保管場所

　（分散保管・隔地保管，重要度に応じた機密性・可用性）

・バックアップ媒体の保管期間（世代管理）

・バックアップ媒体の寿命／棄損時の考慮（媒体のサニタイズ）

・バックアップ対象などの適時の見直し

・契約終了時のバックアップ消去

　特に，クラウドサービスは複数のユーザが利用する環境なので，バックアップデータには利用ユーザのデータが混在している。契約終了時にバックアップデータを消去する規定がある場合，どこまでの範囲のデータが消去されるのか，消去できない場合はいつまで保存されるのかなども確かめておく必要がある。

コラム 11

BYOK（Bring Your Own Key）

　IaaSやSaaSなどのクラウドサービスでは，利用ユーザのデータがクラウド
ベンダの環境に集約され，保存される。セキュリティの観点から，重要なデー
タは暗号化されるが，クラウドベンダが暗号化する限り，内部不正を完全に防
ぐことは難しい。そこで，利用ユーザが自ら生成した暗号鍵を適用して暗号化
し保存することで，クラウドベンダはデータを読み取ることができなくなる。
この仕組みが「BYOK」（Bring Your Own Key）である。

「ハードウェア障害」はベンダの落ち度なのか?

(1) 事件の概要

　システムを構成するハードウェアは,経年劣化が避けられず,ハードウェア障害をゼロにすることは難しい。ハードウェア障害が原因でユーザに損害が発生した場合,ハードウェア管理を含むシステム運用を受託しているベンダが重過失に問われないようにするためには,どこまでの管理が求められるだろうか。次に取り上げる裁判事例は,その参考になる事案である(図表5-11)。

裁判事例 9 　東京地判平成21・5・20 判夕1308号260頁

訴　　え

ユーザ

　ユーザは,サービス提供者を介してベンダの共用サーバホスティングサービスを利用してWEB上のサイトを運営していたところ,サーバの障害事故が生じ,ユーザのプログラムとデータが消失した。ベンダはユーザのプログラムとデータの消失防止義務に違反し,また,損害拡大防止義務と残存記録確認・回収義務を怠ったもので不法行為に当たるとして,不法行為に基づく損害賠償をベンダに求めた。

請　　求

ユーザ

1 [ベンダ]は,[ユーザ1]に対し,1億4810万3398円及びこれに対する平成20年1月15日から支払済みまで年5分の割合による金員を支払え。
2 [ベンダ]は,[ユーザ2]に対し,3053万6732円及びこれに対する平成20年1月15日から支払済みまで年5分の割合による金員を支払え。
3 [ベンダ]は,[ユーザ3]に対し,1418万5773円及びこれに対する平成20年1月15日から支払済みまで年5分の割合による金員を支払え。

4 ［ベンダ］は，［ユーザ4］に対し，568万7243円及びこれに対する平成20年1月15日から支払済みまで年5分の割合による金員を支払え。

5 ［ベンダ］は，［ユーザ5］に対し，58万2761円及びこれに対する平成20年1月15日から支払済みまで年5分の割合による金員を支払え。

判決：主文

1 ［ユーザ］らの請求をいずれも棄却する。

2 訴訟費用は［ユーザ］らの負担とする。

図表5-11 裁判事例9

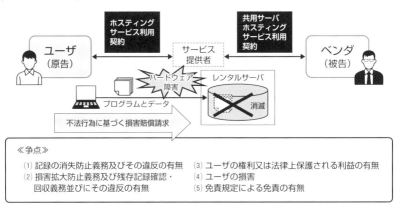

（2）当事者の主張と裁判所の判断

【裁判事例9】では5つの争点が整理された。ここでは，「争点（1）記録の消失防止義務及びその違反の有無」を取り上げて，当事者の主張と裁判所の判断から監査のポイントを検討する。

争点

ベンダにはファイル消失を防止する義務があるか？

当事者の主張

ユーザ（原告）

　ベンダのサーバ上にプログラムやデータを保存していたユーザは，ベンダと直接の契約関係にはないことから，ベンダの不法行為責任として次のように主張した。

「ベンダは，レンタルサーバにプログラムとデータを保管するすべての者に対して善管注意義務を負う。」

　[ベンダ]はレンタルサーバ業者として，レンタルサーバ契約上，第三者のプログラム又はデータに関する寄託契約を締結しているのであるから，善良なる管理者の注意義務をもってレンタルサーバに記録されたプログラム及びデータを取り扱わなければならない。…

　…RAID5構成…がとられている理由は，…複数のハードディスクがその欠陥を同時に現実化して破損する確率が，現実問題として無視できるほど低いことにある。そうすると，同時に複数のハードディスクが破損した場合，人為的なミスが原因である可能性が高い。…

　ヘッダーがディスクに接触した原因は，物理的な衝撃か，製品自体の内在的な欠陥のいずれかであるが，前者であれば[ベンダ]には明らかな過失がある。後者の場合でも，ハードディスクは異音等の兆候を事前に示すはずであって，…注意をしていれば，事前に発見できたはずである。

　論理障害は，ハードディスクに書き込みを行うプログラムの誤動作によって発生するが，誤動作の原因は積極的な人為的ミスか，不具合のあるプログラムを放置していた消極的な人為的ミスのいずれかである。後者であれば，…全製品に共通する問題であるから，同種事故がかなりの頻度で発生しているはずであるが，[ハードウェアベンダ]のホームページ上にはそのような情報の記載はないから，前者のミスであったと考えられる。

　【裁判事例8】と同様，ユーザは，ベンダには寄託契約に基づく善管注意義務があり，ハードディスク障害は人的要因であって予見できたと主張している。しかし，システム障害の原因が判明した後からの主張であり，本章3の【裁判事例10】で解説している「後知恵バイアス」がかかっているようにも思われる。

ベンダ （被告）

ユーザの主張に対して，ベンダは次のように反論した。

「ベンダはユーザに対し，善管注意義務，記録消失防止義務を負わない。」

> 同サーバは，相応の評価を受けたサーバとして広く使用されているものであり，耐用年数の範囲内にある。[ベンダ] は，サーバ管理施設において，入退出管理，空調管理を十全に行った上でサーバの保守・管理を行っている。

ベンダは，ハードウェアの機種選定，経過年数，設置している場所と入退管理などを挙げて，適切に保守・管理していると主張している。

裁判所の判断

ユーザとベンダの主張に対して，裁判所は次のように判示した（図表5-12）。

「ベンダには本件サーバの設置及び管理につき格別の落ち度があるとはいい難い。他にベンダに重過失があることを認めるに足りる事情ないし証拠はない。」

> … [ベンダ] は共用サーバホスティングサービスを提供するために，サーバとして広く使用されている…サーバ…を選定したこと，…本件事故が発生した…間の使用期間は約1年7か月であり，耐用年数の範囲内であること，[ベンダ] はサーバ管理施設において入退室管理，空調管理を行った上で，本件サーバの保守・管理を行ってきたことが認められる。…

図表5-12　データを保管する義務？

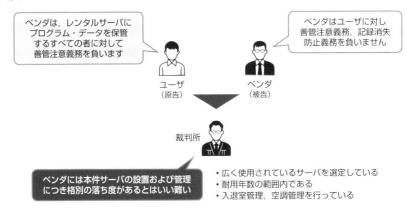

　裁判所は，ベンダの主張を認め，重過失はないと判断した。もし，ハードウェアベンダが当該機器についての不具合事象を公表していて，ベンダがその対応を放置していたような場合には，ハードウェア障害の予見可能性・容易性，障害回避の可能性・容易性があるとして，重過失が認められる可能性もある。ハードウェアの管理状況だけでなく，不具合などの関連情報の収集や他社での類似障害などをウォッチしているかどうかもポイントになる。

（3）監査のポイント

①冗長化

　「**冗長化**」とは，システムを構成するハードウェアやネットワークなどに障害等が発生した場合でも，システム全体として稼働し続けることができるように，予備の設備や装置などを用意しておくことをいう。予備系を本番系とまったく同じ状態で維持するのか（ホットスタンバイ），あるいは障害等の発生時に予備系を稼働させるのか（コールドスタンバイ），さらに二重にするのか三重以上にするのかなど，冗長化にはさまざまな構成が考えられる。例えば，ハードディスクの予備を1つ用意して構成すれば，「二重化」になる。対象となるシステムの重要性，求められる運用レベル，コストなどを考慮して構成を決めることになる。

　【裁判事例9】のRAID5構成も冗長化のひとつである。RAID5構成では，使用しているハードディスクのうち1台が故障した場合でも，残りのハードディスクにより運用を継続でき，サービスを停止することなく故障したハードディスクを交換することができる〈コラム12「RAID構成」　参照〉。同時に複数のハードディスクが故障する確率が低いことなどから，多く使われている。とはいっても，【裁判事例9】では，内蔵のハードディスク1台についてヘッダーがディスクに接触したことにより重大な物理的障害が生じ，同時に別のハードディスク1台について論理障害が発生したことから，RAIDシステムを構成する2台のハードディスクで物理障害と論理障害が同時に発生してRAIDシステムが機能せず，実装するハードディスク4台全部の読み取りが不可能となった。

②単一障害点

　冗長化構成のシステムに障害が発生した場合，本番系から予備系に切り替える必要があるが，それを制御するのが「コントローラ」という機能になる。ところが，このコントローラに障害が発生すると，冗長化している機能を生かすことができなくなる。つまり，冗長化をコントロールする箇所がリスクになる。このように，その箇所が機能しないとシステム全体が障害となってしまう箇所を「**単一障害点**」（SPOF：Single Point Of Failure）という。例えば，RAID5構成を制御するコントローラがひとつだけであれば，単一障害点になる（図表5-13）。単一障害点に障害が発生した場合にどのように対応するのかを確かめておく必要がある。

コラム 12

RAID構成

　「RAID」（Redundant Arrays of Inexpensive Disks）は，複数のディスクを組み合わせて冗長性を向上させる技術である。その中で「RAID5」とは，データを３台以上の複数のディスクに対して分散して書き込むと同時に，ディスク障害の発生時に備えて，データを修復するためのデータ（パリティ・ビット）を生成し，ディスクに分散して書き込む方式である。例えば，図表5-13のように，"A"というデータをA（1），A（2），A（3）に分けて別々のディスクに書き込むとともに，"A"のパリティ・ビット（データの誤りを検出するために，データのビット列中の「1」の数が偶数個か奇数個かを表した符号）を算出・付加して"A（P）"を生成し，別のディスクに書き込むことで，仮にDisk3が故障しても，A（1）とA（2）とA（P）からA（3）を復元できる。C（2），D（2）の復元も同様である。これによって，Disk3のデータは修復できるので，１台のディスクが故障しても，それ以外のディスクのデータとパリティ・ビットから修復することができる。ただし，同時に２台以上のディスクが故障した場合には，修復は不可能になる。

　「RAID0」は，データを複数のディスクに対して，分散して同時並行的に読み書き処理を実行することでアクセス速度を高速化する方式である。また，「RAID1」は，同一のデータを複数のディスクに書き込むことで，片方のディスクが故障しても，もうひとつのディスクで処理を継続できるようにする方式であり，いわゆる「二重化」である。

図表5-13　RAID5と単一障害点（例）

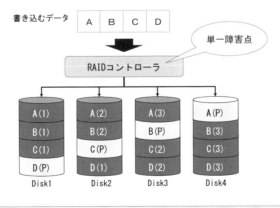

「バグ」があるのはプログラムの欠陥?

（1）事件の概要

　システム障害の事象別割合を調査した結果によれば，ソフトウェア障害と管理面・人的要因が全体の約2/3を占めている（図表5-14）。最も多いソフトウェア障害の主な原因は，設計時の考慮不足や不十分なテストによるプログラムの欠陥，いわゆる"バグ"である。

図表5-14　システム障害の事象別割合

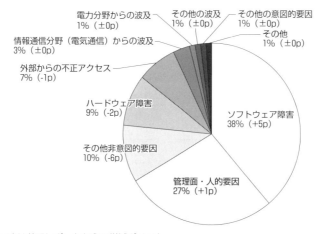

電力分野からの波及
1%（±0p）

その他の波及
1%（±0p）

その他の意図的要因
1%（±0p）

情報通信分野（電気通信）からの波及
3%（±0p）

その他
1%（±0p）

外部からの不正アクセス
7%（-1p）

ハードウェア障害
9%（-2p）

ソフトウェア障害
38%（＋5p）

その他非意図的要因
10%（-6p）

管理面・人的要因
27%（＋1p）

※カッコ内は前回レポートからの増減ポイント
出所：金融庁「金融機関のシステム障害に関する分析レポート」（令和2年6月，令和3年6月）に基づき筆者作成。

　次の裁判事例は，ベンダが開発したシステムに多数の不具合があり，ユーザの業務に耐えられないとして契約解除となった事案である（図表5-15）。

裁判事例 **10** 東京地判平成 9・2・18 判夕964号172頁

訴　え

ユーザ（平成四年事件）

　運送業を営むユーザは，営業管理システムを導入するため，ベンダとソフト開発委託契約を締結し，ベンダはその開発をベンダ2に再委託した。しかし，ソフトウェアが納入された後も営業管理システムが正常に稼働しなかったことから，コンピュータープログラムに瑕疵があったことがその原因であるとして，債務不履行及び不法行為を理由に損害賠償を請求した。

ベンダ2（平成五年事件）

　ユーザを相手方として，ソフト開発に付随する請負契約及び売買契約の残代金の支払を請求した。

図表5-15　裁判事例10

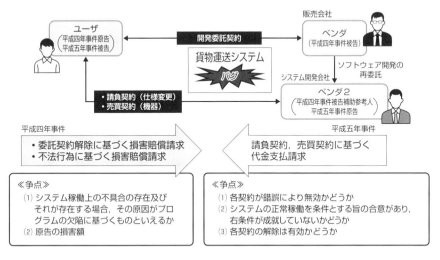

請　求

ユーザ（平成四年事件）

　　[ベンダ]は[ユーザ]に対し，金2億7211万7629円及びこれに対する平成4年9月4日から支払済みまで年6分の割合による金員を支払え。

ベンダ2（平成五年事件）

　　[ユーザ]は[ベンダ2]に対し，金1146万6372円及びこれに対する内金87万5500円に対しては平成2年9月1日から，内金61万8000円に対しては平成3年5月1日から，内金997万2872円に対しては平成3年11月1日から，それぞれ支払済みまで年6分の割合による金員を支払え。

判決：主文

一　平成四年事件について
　　[ユーザ]の請求を棄却する。
二　平成五年事件について
　　[ユーザ]は[ベンダ2]に対し，金1146万6372円及びこれに対する内金87万5500円に対しては平成2年9月1日から，内金61万8000円に対しては平成3年5月1日から，内金997万2872円に対しては平成3年11月1日から，それぞれ支払済みまで年6分の割合による金員を支払え。
三　訴訟費用及び仮執行の宣言について
　　1　訴訟費用は，平成四年事件及び平成五年事件を通じて，[ユーザ]の負担とする。
　　2　この判決の第2項は，仮に執行することができる。

（2）当事者の主張と裁判所の判断

　【裁判事例10】では，システム稼働上の不具合の存否を確認することを目的として，ユーザ・ベンダ間で原因解明のための2年余にわたる検証実験が行われた。これによってプログラムの欠陥の有無に関する事実についての争点が確定され，平成四年事件において2つ，平成五年事件において3つの争点がそれぞれ整理された。ここでは，平成四年事件の「争点（1）システム稼働上の不具合の存在及びそれが存在する場合，その原因がプログラムの欠陥に基づくものといえるか」を取り上げて，当事者の主張と裁判所の判断か

ら監査のポイントを検討する。

争点

プログラムのバグは欠陥か？

当事者の主張

ユーザ （平成四年事件原告）

　ユーザは，プログラムの不具合をベンダらが修正できなかったとして，次のように主張した。

「プログラムの不具合が契約の解除事由たる　債務不履行ないしは不法行為にあたる。」

> 　…ソフトウエアの開発においては，プログラマーがプログラムの単体テストを行い，サブSEが担当のサブシステムをテストし，さらにシステムエンジニア（もしくはプロジェクトリーダー）がシステム全体のテストを実施するという，納品前の何重ものチェックが施されるのが通常であり，その過程でプログラムの不整合はクリアされるべきものとされている。[ベンダら]の主張のように，納品後実際に使用していく過程で，ユーザーの指摘に基づいてプログラム上の不整合を発見修正していくことなど契約上予定されていない。コンピュータープログラムにつき専門的知識を有しないユーザーが，不具合の具体的かつ適切な指摘を行うなどという高度の義務を負担とすると解することは到底不可能である。…
> 　…[ベンダ2]は，プログラムの修正を行う旨約束したもののこの約束を実行することができず，右不具合は放置されたままとなった。…会議の席上，[ユーザ]は改めて[ベンダ2]に対して右不具合の発生を指摘するとともに，その改善を申し入れたが，[ベンダ2]はその原因箇所と対応策を見出すことができず，結局，本件システム全体についての再設計・再製作を実施したい旨申し入れてきた…。

　ユーザは，ベンダはそもそも納品前にしっかりテストを行ってプログラムの不具合を検出すべきであり，ユーザが不具合を指摘する義務はないとしている。

ベンダ （平成四年事件被告）

　一方でベンダは，ユーザが具体的な不具合を指摘できなかったことが原因

であるとして，次のように主張した。

**「ユーザがシステム稼働上の不具合について具体的かつ適切な
指摘をしなかったことによりバグが残った場合には，その責任は
ユーザにある。右不具合が本件委託契約の解除事由たる
債務不履行ないし不法行為になりうるものではない。」**

ソフトウエアの開発においては，実際に使用してみないと発見できないプログラムの不整合がある程度残ることは，避けられない。したがって，ソフトウエア開発委託契約においては，検収に先立つ移行テストでユーザーに実務に則した操作でソフトウエアを稼働してもらい，ユーザーからの指摘を待って，プログラム上のバグを発見修正していくことが予定されている。また，本件システムのプログラムのような大規模なソフトウエアでは，全てのバグをチェックしきることは事実上不可能であり，検収後本番稼働の段階でも，システム稼働上の不具合の指摘があれば，その時点で原因を解明しバグを発見して修正することは通常行われている。

ユーザーから指摘のあったバグについては，開発担当者が不具合の原因を解明しプログラムを修正することになる。しかし，ユーザーが不具合として主張しなければ開発担当者としてはそれを認識することはできないし，主張があいまいであれば原因解明は不可能なのであって，この部分の作業はユーザーが主として責任を負うものである。本件システムのプログラムは［ユーザ］向けのオーダーメイドのソフトウエアであり，［ユーザ］はこれを一年半以上も本番稼働させてきたのであるから，本件システムに不具合が発生した場合，［ユーザ］がその内容について具体的かつ適切な指摘をするのは容易であったはずである。…

…右バグは半日から一日程度で補修可能なものであるから，本件システムを使用する経過で［ユーザ］から具体的かつ適切な指摘があれば，容易に原因を解明し，補修できたものである。しかし，本件訴訟に至るまで，［ユーザ］から右不具合について具体的な指摘がなされたことは一度もなかったため，［ベンダ２］がこれに対応することはできなかった。したがって，右不具合が修正されなかったのは，…［ユーザ］の責任であって…。

ベンダは，納品前のテストにおいて不具合を100％取り除くことはできないとしたうえで，納品後１年半以上も稼働しているシステムであり，不具合（バグ）について，ユーザから具体的かつ適切な指摘があれば，すぐに修正できるものであったと主張している。

裁判所の判断

　裁判所は，本件システムがオーダーメイドによる開発であることを踏まえて，次のように判示した（図表5-16）。

「右バグの存在をもってプログラムの欠陥と認めることはできないから，不具合をプログラムの欠陥であるとするユーザの主張は理由がない。」

　　…いわゆるオーダーメイドのコンピューターソフトのプログラムで，本件システムにおいて予定されているような作業を処理するためのものであれば，人手によって創造される演算処理が膨大なものとなり，人の注意力には限界があることから，総ステップ数に対比すると確率的には極めて低い率といえるが，プログラムにバグが生じることは避けられず，その中には，通常の開発態勢におけるチェックでは補修しきれず，検収後システムを本稼働させる中で初めて発現するバグもあり得るのである。多数の顧客が実際に運用することによりテスト済みの既成のソフトウェアを利用し，又はこれを若干手直ししてコンピュータを稼働させる場合には，そのような可能性が極めて低くなるが，顧客としては，そのような既成ソフトのない分野についてコンピュータ化による事務の合理化を図る必要がある場合には，構築しようとするシステムの規模及び内容によっては，一定のバグの混入も承知してかからなければならないものといえる。

　　コンピューターソフトのプログラムには右のとおりバグが存在することがありうるものであるから，コンピューターシステムの構築後検収を終え，本稼働態勢となった後に，プログラムにいわゆるバグがあることが発見された場合においても，プログラム納入者が不具合発生の指摘を受けた後，遅滞なく補修を終え，又はユーザーと協議の上相当と認める代替措置を講じたときは，右バグの存在をもってプログラムの欠陥（瑕疵）と評価することはできないものというべきである。これに対して，バグといえども，システムの機能に軽微とはいえない支障を生じさせる上，遅滞なく補修することができないものであり，又はその数が著しく多く，しかも順次発現してシステムの稼働に支障が生じるような場合には，プログラムに欠陥（瑕疵）があるものといわなければならない。
…

　　…［ベンダ２］は本件訴え提起後の本件システム稼働上の不具合の存否の検討作業の中で，運行キャンセル不能の不具合の発生の事実を知り，その原因が前記のようなプログラム上のバグであることを解明し，本件検証実験後の原因解明作業の中で，半日ないし一日程度の作業により補修を終えたことが認められ，この事実に，本件システムが［ユーザ］の業務の用に供されていないものであ

> ることを合わせ考えると，［ベンダ２］による右補修作業に不相応な遅滞があったものということはできない。…

図表5-16　プログラムのバグは欠陥？

　請負契約によるシステム開発において，そのシステムのプログラムに不具合がある場合，システムが完成していれば瑕疵担保責任（改正民法での"契約不適合"）の問題となる〈コラム４「民法［債権関係］改正の主なポイント（2020.4.1施行）」参照〉。プログラムに瑕疵があるかどうかを判断するには，次のようなことを考慮して判断する必要がある。訴訟になった場合，これらの点をユーザが主張立証することになる。

　①プログラムの仕様・性能は何か

　②不具合の内容は何か

　③当該不具合の原因がプログラムにあるか

　裁判所は，システム開発におけるテストには限界があり，稼働後に不具合が生じる可能性を認めている。また，プログラムのバグが瑕疵に該当するかどうかの判断基準を示している。

（3）監査のポイント

①不具合をみつけるテスト

　システムのプログラムに不具合がある場合，それが原因となって実際にシステム障害になるのはシステムの運用段階になってからである。したがって，システム開発段階で可能な限りプログラムの不具合を検出して，修正するための"テスト"が重要になる。一般に，システム開発におけるテスト工程は，単体テスト，結合テスト，システムテスト，ユーザテストの順に進められる。テスト工程と要件定義，設計など上流工程との関係は，図表5-17のような対応になる。

図表5-17　テスト工程と上流工程の関係

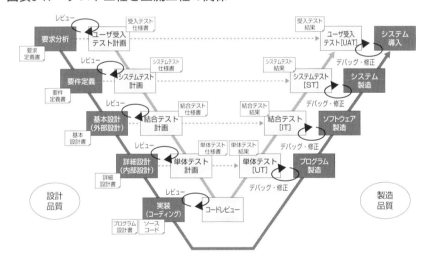

　したがって，テスト工程において実施するテストについて，対応する上流工程の内容を踏まえて計画されているかどうかを確かめる必要がある。システムテストでは図表5-18のような内容をテストするので，どのようなテストを計画し，実施しているかを確認する。システムテストの環境と本番稼働する環境とが異なることも多いので，環境の違いを考慮しているかにも留意する。

図表5-18　システムテストの主な内容

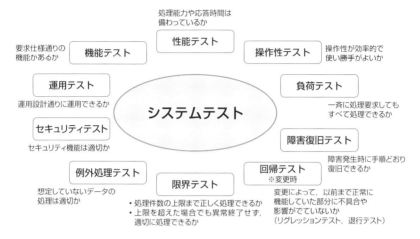

　テストで欠陥や不備などの不具合が発見された場合には，プログラムが修正される。このテストに要する工数と発見された不具合の関係は，一般に図表5-19のような曲線（信頼度成長曲線）で表される。

図表5-19　テストに要する工数と発見された不具合の関係

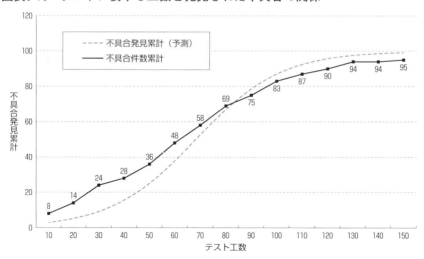

このグラフが示すことは，テストをすれば不具合は発見されるものであって，テストは不具合を発見するために行うということである。テスト計画書に「**不具合検出率**」などのテスト指標があれば，テストの意味を理解していると推測できる。テスト結果記録に不具合がゼロと記載されているようであれば，テストが不十分ではないかと疑ってみるとよい。

②後知恵バイアス

監査対象のシステムで過去に発生したシステム障害の原因がプログラムの不具合であった場合，システム開発時のテストが適切であったかどうかを遡って検証する場合がある。監査実施時点ではプログラムの不具合の内容がわかっているので，テスト工程で不具合を発見できなかった"テスト不十分"という判断をしてしまう可能性がある。第1章で触れたプログラム不具合により誤った注文を取り消しできずに400億円を超える損害が生じた事案（東京高判平成25・7・24）では，裁判所は次のように述べている。

＜東京高判平成25・7・24 判タ1394号93頁＞
　…［ベンダ］に重過失ありと評価するためには，本件バグの作込みの回避容易性又は本件バグの発見・修正の容易性が認められることが必要となる。もっとも，現在においては本件バグの存在と本件不具合の発生条件が明らかになっているところ，その結果から本件バグの作込みの回避容易性等について議論する（いわゆる後知恵の）弊に陥ることがないように判断することが要請される。

「**後知恵バイアス**」（Hindsight bias）とは，物事が起こったあとからそれは予測可能だったと判断してしまう心理的な傾向のひとつである。例えば，システム障害が発生し，その原因を調査したところ，仕様漏れであったとか，バグをテストで発見できなかったとかであった場合，「仕様漏れがないようレビューを徹底する必要がある」とか「当該バグを発見できるようなテストケースを洗い出す必要がある」などの指摘をしてしまうなどである。人は，一度，知識をもってしまうとその知識に縛られること（知識の呪縛）がある。後から知った情報だけから判断して問題点を挙げてしまうと，真因がみえな

くなるおそれがあるので，後知恵バイアスがかかっていないかどうか，常に
意識する必要がある。

監査人がみるポイント

- システム運用のサービスレベルを押さえる。
- バックアップの実効性を評価する。
- システム障害で想定すべき単一障害点。
- 不具合をみつけるためにするのがテスト。
- 後知恵バイアスに注意する。

第6章

情報セキュリティにおける監査のポイント

　社会や企業・組織，個々人にとってシステムが必要不可欠なインフラになるに伴って，情報セキュリティの脅威はますます高まり，システムの開発，運用・保守に関わるユーザとベンダの双方にいっそうの責任が求められている。本章では，情報セキュリティに関わる訴訟事件の中から，システム改修により脆弱性が生じた事案，システムの保守作業ミスで個人情報が漏えいした裁判事例を題材にして，システムの情報セキュリティにおける監査のポイントを解説する。

本章の内容

▶「アプリケーションシステムの脆弱性」はどこまでベンダの責任なのか？

▶ベンダの「保守作業ミス」で個人情報が漏えいした責任は誰？

1

「アプリケーションシステムの脆弱性」は どこまでベンダの責任なのか？

（1）事件の概要

　サイバー攻撃による情報セキュリティインシデントが後を絶たない。
「NICTER観測レポート2020」によれば，2020年までの過去10年間のサイバー攻撃関連の通信量推移は，年々，増加の一途をたどっている（図表6-1）。また，IPAが公表している「情報セキュリティ10大脅威」でも，ランサムウェアによる被害，標的型攻撃による機密情報の窃取など，サイバー攻撃による脅威が毎年，上位を占めている。

図表6-1　サイバー攻撃関連の年間総観測パケット数の推移

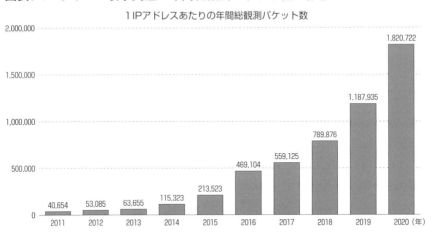

出所：国立研究開発法人情報通信研究機構サイバーセキュリティ研究所サイバーセキュリティ研究室「NICTER 観測レポート 2020」（2021年）に基づき筆者作成。

　代表的なサイバー攻撃には，図表6-2のような攻撃が挙げられる。例えば，電子メールは個々人が利用する社会的なコミュニケーションインフラであり，「標的型メール攻撃」では電子メールアドレスの数だけ攻撃を受ける入口（対

象）がある。また，オンラインショッピングに代表されるようなWebシステムもインターネットが前提であり，システムに脆弱性があれば，購買者の個人情報などが大量に窃取されてしまうおそれがある。

図表6-2　代表的なサイバー攻撃

Webサイト・アプリケーションの脆弱性	
SQLインジェクション	想定しないSQL文を実行させることにより，データベースシステムを不正に操作する攻撃
バッファーオーバーフロー	メモリ領域（バッファー）以上の大量データを意図的に送りつけることでメモリーの不具合を引き起こし，不正に操作する攻撃
クロスサイト・スクリプティング	悪質なサイトへ誘導するスクリプトをWebサイトに仕掛け，サイトにアクセスしたユーザの個人情報などを詐取する攻撃
OSコマンド・インジェクション	プログラムに与えるパラメータにOSへの命令文を紛れ込ませて不正に操作する攻撃
HTTPヘッダ・インジェクション	動的にHTTPヘッダを生成する機能の不備を突いてヘッダ行を挿入することで不正な動作を行わせる攻撃
不正アクセス	
パスワードリスト攻撃	あらかじめ入手してリスト化したID・パスワードを利用して，Webサイトにアクセスを試み，結果として利用者のアカウントで不正にログインされてしまう攻撃
標的型攻撃	
DoS攻撃	サーバ等に対して過剰な負荷を与えたり，脆弱性を悪用したりすることによって，サービスの運用や提供を妨げる行為
DDoS攻撃	複数のコンピュータに攻撃プログラムを仕込み，同時に特定のサーバを標的とした攻撃
標的型メール攻撃	標的とした組織や人を狙って，取引先などを装い，悪意のあるファイルを添付したり，悪意のあるサイトに誘導するためのURLリンクを貼り付けたメールを送信し，マルウェア感染させたり，偽サイトに誘導して個人情報を盗む攻撃
ゼロデイ攻撃	脆弱性（セキュリティホール）が発見されてから，その対処方法が確立されるまでの間に当該脆弱性を悪用して行われる攻撃
マルウェア	
ランサムウェア	感染したパソコンをロックしたり，パソコン内に保存しているデータを暗号化したりして使用不能にし，元に戻すことと引き換えに「身代金」を要求する不正プログラム
ワーム	インターネットを通じて伝搬し，独立して自己増殖する機能を備えた不正プログラム
トロイの木馬	正規のソフトフェアやファイルを装い，何らかのきっかけにより悪意のある活動をするように仕組まれた不正プログラム

　ここで取り上げる裁判事例は，アプリケーションの脆弱性によってSQLインジェクションを受け，顧客のクレジットカード情報などが流出した事案である（図表6-3）。Webアプリケーションを開発・保守するベンダにどこまでセキュリティ対策の義務があるかが争われ，IT業界が裁判所の判断に注目した事件である。

裁判事例 11 　東京地判平成26・1・23 判時2221号71頁

訴　え

ユーザ

> 　ベンダとウェブサイトにおける商品の受注システムの設計，保守等の委託契約を締結した。ところが，ベンダが製作したアプリケーションが脆弱であったことにより，当該ウェブサイトで商品を注文した顧客のクレジットカード情報が流失し，ユーザによる顧客対応等が必要となったために損害を被ったことから，ベンダに対して，上記委託契約の債務不履行に基づく損害賠償を求めた。

請　求

ユーザ

　［ベンダ］は，［ユーザ］に対し，1億0913万5528円及びこれに対する平成23年10月15日から支払済みまで年6分の割合による金員を支払え。

判決：主文

1　［ベンダ］は，［ユーザ］に対し，2262万3697円及びこれに対する平成23年10月15日から支払済みまで年6分の割合による金員を支払え。
2　［ユーザ］のその余の請求を棄却する。
3　訴訟費用はこれを5分し，その4を［ユーザ］の負担とし，その余を［ベンダ］の負担とする。
4　この判決は，第1項に限り仮に執行することができる。

図表6-3　裁判事例11

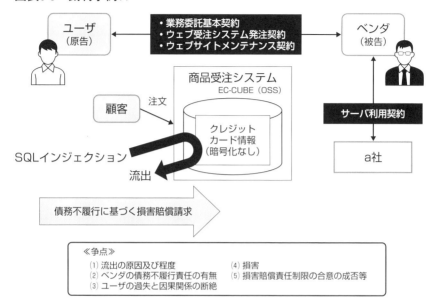

※「SQLインジェクション」（SQL Injection）
ウェブアプリケーションのデータ操作言語SQL（Structured Query Language）の呼出し方に脆弱性がある場合に，攻撃者が悪意をもって構成したシングルクォート「'」，バックスラッシュ「\」，セミコロン「；」等の文字列を入力することによって，データベースを不正に操作し，データの不正な取得，改ざんあるいは削除等をする攻撃である。バインド機構の使用またはエスケープ処理により，入力した値がSQL構文の一部として解釈されないようにする対策などが挙げられる。

（2）当事者の主張と裁判所の判断

　【裁判事例11】では5つの争点が整理された。ここでは「争点（2）ベンダの債務不履行責任の有無」と「争点（5）損害賠償責任制限の合意の成否等」を取り上げて，当事者の主張と裁判所の判断から監査のポイントを検討する。

争点　1

ベンダには適切なセキュリティ対策が採られた
アプリケーションを提供する義務があるか？

　ベンダがWebアプリケーションシステムを開発する場合，セキュリティ対策を組み込むことは当然に必要であるが，問題はどこまでのセキュリティ対策が求められるかである。

当事者の主張

ユーザ （原告）

　ウェブサイトから顧客のクレジットカード情報が流出してしまったユーザは，次のように主張した。

「ベンダには適切なセキュリティ対策が採られた
アプリケーションを提供すべき債務がある。」

　[ベンダ] は，自己が有する高度の専門的知識と経験に基づき，本件システムを設計及び開発した当時の技術水準として適切なセキュリティ対策が講じられたアプリケーションを提供すべき債務があった。[ベンダ] が本件システムを設計及び開発した当時は，クレジットカード情報はサーバー上に保存することが予定されていなかったが，顧客の他の個人情報はサーバー上に保存することが予定されていたのであり，ウェブ受注システムは外部からの攻撃により顧客の個人情報が流出する危険性があるから，その当時から，顧客の個人情報の流出を防止するためのセキュリティ対策が必要であったというべきである。

　また，[ベンダ] は，本件ウェブアプリケーション等がウェブ受注システムとして必要十分なセキュリティレベルとなるように，本件ウェブアプリケーション提供後も管理及び運用すべき債務を負っていた。

　…本件流出の原因は，いずれも一般的な攻撃方法であり，想定不可能な方法によるものではないから，[ベンダ] には予見可能性があった。

　本件ウェブサイトが稼働開始した時点では，顧客（本件ウェブサイトを利用して商品を注文する者）がクレジットカードを利用して商品を注文する際には，顧客はカード会社が管理するウェブサイトの画面上でクレジットカード情報を入力するため，本件サーバ内のデータベースに顧客のクレジットカード情報は送信されていなかった。ユーザは，平成22年１月ごろ，本件ウェブサイトで顧客が利用した決済方法（金種）を基幹業務システム側で請求元情報として正確に管理する目的から，ベンダに対し，各種クレジットカード

種別（カード会社）をユーザの基幹業務システムに送信する仕様変更（以下「金種指定詳細化」という。）を発注した。ベンダは，金種指定詳細化に対応し，本件システムを稼働させた。この仕様変更対応によって，顧客が本件ウェブサイトでクレジットカード決済する際，本件サーバにクレジットカード情報が入力され，その後本件サーバとカード会社との間でクレジットカード情報のやり取りが行われるようになり，顧客のクレジットカード情報が暗号化されずに本件データベースに保存される設定となった。

ベンダ （被告）

ユーザの主張に対し，ベンダは，契約締結当時の技術水準に沿って，適切なセキュリティ対策を講じたウェブアプリケーションを提供すべき債務を負っていたことを認めたうえで，次のように反論した。

「ウェブアプリケーション等に関するセキュリティ
レベルを整備し続ける義務はない。」

…［ベンダ］が製作及び提供した本件ウェブアプリケーションは，その製作及び提供時の技術水準に照らし，品質及びセキュリティ水準に何ら問題がなかったのであるから，［ベンダ］には，適切なセキュリティ対策が講じられたアプリケーションを提供すべき債務の不履行はない。セキュリティ対策は，コスト面と実用面との相関関係で対策レベルが検討されるべきものであり，製作されるプログラムの各箇所，その重要度に応じてセキュリティ対策レベルを分けることは当然のことであって，それを前提に「侵入されにくい」対策が採られていれば製作時点の義務履行としては必要十分である。特に，［ベンダ］は，クレジットカード情報は一切取り扱わない仕様で［ユーザ］から受注して本件システムを製作しているのであり，この点は本件システムの製作時点において講じられるべきであったセキュリティ対策レベルの判断における重要な要素となる。

また，［ユーザ］が本件流出後に調査を依頼した大手調査会社…ですら，本件データベースへの侵入経路及び侵入手法は解明できていないから，本件流出は，専門業者の技術レベルを超える想定不可能な方法によって行われたものであり，［ベンダ］にはその侵入行為について予見可能性がなかった。

　ベンダは，開発時点で求められているセキュリティ対策までが義務の範囲であるとしているが，仕様の追加や変更などでシステムを改変する場合，どのようなリスクが新たに生じるかを事前に分析，評価し，どこまでのコントロールを組み込む必要があるのかを協議することが重要になる。ベンダは，仕様追加によって，クレジットカード情報を取り扱うことになったことから，追加のセキュリティ対策として，暗号化の必要性をユーザと協議すべきであった。

裁判所の判断

　ユーザとベンダの主張に対して，裁判所は次のように判示した（図表6-4）。

「ベンダには，適切なセキュリティ対策が採られたアプリケーションを提供すべき債務不履行の責任を負う。」

　…［ベンダ］は，平成21年2月4日に本件システム発注契約を締結し…たのであるから，その当時の技術水準に沿ったセキュリティ対策を施したプログラムを提供することが黙示的に合意されていたと認められる。そして，本件システムでは，金種指定詳細化以前にも，顧客の個人情報を本件データベースに保存する設定となっていたことからすれば，［ベンダ］は，当該個人情報の漏洩を防ぐために必要なセキュリティ対策を施したプログラムを提供すべき債務を負っていたと解すべきである。
　…経済産業省は，平成18年2月20日，「個人情報保護法に基づく個人データの安全管理措置の徹底に係る注意喚起」と題する文書において，ＳＱＬインジェクション攻撃によってデータベース内の大量の個人データが流出する事案が相次いで発生していることから，独立行政法人情報処理推進機構（以下「ＩＰＡ」という。）が紹介するＳＱＬインジェクション対策の措置を重点的に実施することを求める旨の注意喚起をしていたこと，ＩＰＡは，平成19年4月，「大企業・中堅企業の情報システムのセキュリティ対策～脅威と対策」と題する文書において，…バインド機構を使用し，又は…エスケープ処理を行うこと等により，ＳＱＬインジェクション対策をすることが必要である旨を明示していたことが認められ，これらの事実に照らすと，［ベンダ］は…本件システム発注契約締結時点において，本件データベースから顧客の個人情報が漏洩することを防止するために，ＳＱＬインジェクション対策…を施したプログラムを提供すべき債務を負っていたということができる。

　そうすると，本件ウェブアプリケーションにおいて，バインド機構の使用及びエスケープ処理のいずれも行われていなかった部分があること…から，［ベンダ］は上記債務を履行しなかったのであり，債務不履行…の責任を負うと認められる。…

　…［ベンダ］が本件システム発注契約を締結した平成21年2月4日時点で，…ＳＱＬインジェクション対策…が必要であることが広く指摘されていたのであって，ＳＱＬインジェクション対策を講じていなければ，第三者がＳＱＬインジェクション攻撃を行うことにより本件データベースから個人情報が流出し得ることは［ベンダ］において<u>具体的に予見可能であった</u>ということができ，それを超えて，個別の侵入態様を予見できなかったとしても，債務不履行…に係る［ベンダ］の予見可能性が否定されるものではない。

図表6-4　適切なセキュリティ対策を講じる義務？

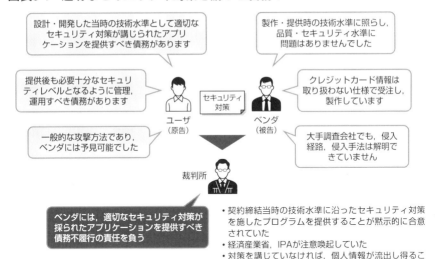

　ベンダが本件システム発注契約を締結し，金種指定詳細化を対応した前後の状況を時系列で整理すると，図表6-5のようになる。

図表6-5　契約締結と注意喚起等の時期

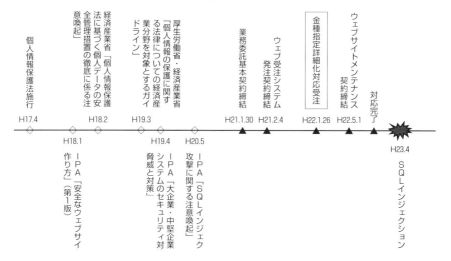

　経済産業省の「個人情報保護法に基づく個人データの安全管理措置の徹底
に係る注意喚起」（H18.2）では，SQLインジェクションによるデータベース
の不正利用を防止するために，IPAの「安全なウェブサイトの作り方」を参
照し，次のような措置が挙げられていた。監督官庁や関連団体からの注意喚
起などには，アンテナを張っておく必要がある。

・入力欄等からのSQL文に使用される記号や文字の入力に際して，当該
　記号等を他の文字へ置き換えること等による不正なSQL文等の混入の
　防止
・ウェブサイトから利用者に渡される情報（クッキー等）にSQL文を埋
　め込むことの禁止
・データベースに関連するエラーメッセージの非表示

争点 2

ベンダにはクレジットカード情報を暗号化すべき義務があるか？

当事者の主張

ユーザ （原告）

　金種指定詳細化という仕様変更において，ベンダにクレジットカード情報を暗号化すべき義務があったかどうかも争点となった。ユーザは，次のように主張した。

「ベンダにはクレジットカード情報を保存せず，または，
保存する場合には暗号化すべき債務を怠った。」

> 　［ベンダ］は，自己が有する高度の専門的知識と経験に基づき，クレジットカード情報の流出を防止する措置及びクレジットカード情報の悪用を防止できるような措置を講じるべき義務を負っていた。… ［ベンダ］は，［ユーザ］からクレジットカード情報を保存することを依頼されておらず，これを保存しておく必要もなかったから，クレジットカード情報を本件サーバ及びログに保存せず，若しくは保存しても削除する設定とし，又はクレジットカード情報を暗号化して保存すべき債務を負っていた。しかし，［ベンダ］は，上記債務を怠ったことから，債務不履行を構成する。

　ユーザは，金種指定詳細化においてクレジットカード情報をサーバに保存するとまでは想定していなかったし，仮に保存する必要があれば，専門家であるベンダが当然，暗号化等のセキュリティ対策を講じるべきであると思っていた。しかし，思っているだけでは何もはじまらない。どのような対策を講じるべきかをベンダと協議しているかがポイントになる。

ベンダ （被告）

　ユーザの主張に対して，ベンダは次にように反論した。

「クレジットカード情報を保存せず，または削除すべき債務を負っていたとはいえないし，暗号化すべき債務を負っていたともいえない。」

［ユーザ］は，金種指定詳細化の際，［ベンダ］に対し，クレジットカード情報を顧客から取得し，本件データベースに保存した上で，［ユーザ］がクレジットカード情報を利用できるように本件システムを変更することを依頼したのであって，［ベンダ］がクレジットカード情報を保存せず，又は削除すべき債務を負っていたとはいえない。また，…本件データベース上に保存する情報を暗号化することを委託していないし，暗号化の手法はデータの暗号化の程度や対象情報の範囲によって千差万別であるから，特に契約で暗号化が要求されていない以上は，［ベンダ］がクレジットカード情報を暗号化すべき債務を負っていたともいえない。

　ベンダは，クレジットカード情報を暗号化することは仕様外であって，請け負っていないと主張している。そうはいっても，専門家である以上，どこまでの義務が求められるかが判断の分かれ道である。

裁判所の判断

　裁判所は，経済産業省やIPA等からのガイドラインを踏まえて，次のように判示した（図表6-6）。

「ベンダには，クレジットカード情報を保存する場合に暗号化すべき債務の不履行の責任は認められない。」

　…厚生労働省及び経済産業省が平成19年3月30日に改正した「個人情報の保護に関する法律についての経済産業分野を対象とするガイドライン」…では，クレジットカード情報等（クレジットカード情報を含む個人情報）について特に講じることが望ましい安全管理措置として，利用目的の達成に必要最小限の範囲の保存期間を設定し，保存場所を限定し，保存期間経過後適切かつ速やかに破棄することを例示し，IPAは，同年4月，前記「大企業・中堅企業の情報システムのセキュリティ対策～脅威と対策」と題する文書において，データベース内に格納されている重要なデータや個人情報については暗号化することが望ましいと明示していたことが認められる。しかし，上記告示等は，いずれも上記対策を講じることが「望ましい」と指摘するものにすぎないし，上記IPAの文書においては，データベース内のデータ全てに対して暗号化の処理を行うとサーバ自体の負荷になることがあるので，特定のカラムだけを暗号化

するなどの考慮が必要であるとも指摘されている…ように，暗号化の設定内容等は暗号化の程度によって異なり，それによって［ベンダ］の作業量や代金も増減すると考えられることに照らすと，契約で特別に合意していなくとも，当然に，［ベンダ］がクレジットカード情報を本件サーバー及びログに保存せず，若しくは保存しても削除する設定とし，又はクレジットカード情報を暗号化して保存すべき債務を負っていたとは認められない。

図表6-6　暗号化すべき義務？

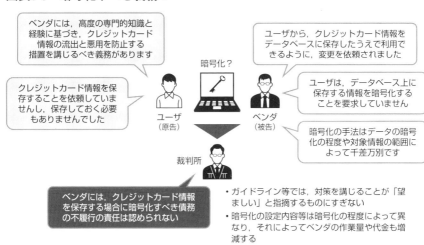

個人情報を取り扱うシステムでは，データの暗号化について，ユーザ・ベンダ間で十分に検討，協議しておくことが重要になる。

争点 3

ベンダにはセキュリティ対策を説明する義務があるか？

当事者の主張

ユーザ （原告）

さらに，ベンダにはセキュリティ対策をユーザに説明する義務があるかどうかも争点となり，ユーザは次のように主張した。

「ベンダにはセキュリティ対策の程度についての 説明義務違反の責任がある。」

ウェブ受注システムにおいては，顧客が入力した個人情報が流出すると第三者による悪用の危険性が高いのであるから，システム設計，開発及び運用時の技術水準と同程度のセキュリティ対策を備えていることが求められる。また，システム設計，開発及び運用を行う業者は，情報システムの知識を有しない企業に対して，情報サービスを提供する専門家としての十分な配慮と注意を払う必要がある。

したがって，システム設計，開発及び運用を行う業者である［ベンダ］は，発注者である［ユーザ］に対し，［ユーザ］が本件システムのセキュリティ対策の程度及び情報流出の危険性を認識し，セキュリティ対策について選択できるように説明すべき信義則上の義務を負うところ，ＳＱＬインジェクション対策を講じていないこと，本件システムのセキュリティ対策が脆弱であること，［ベンダ］と［ａ社］との間のレンタルサーバー契約において最低のセキュリティレベルの内容としていたこと，金種指定詳細化の際に，クレジットカード情報を暗号化せずに保存する設定としたことといったセキュリティ対策の状態について一切説明しなかったことは，［ベンダ］による債務不履行を構成する。

ここでは，第３章で解説している "知識・情報の非対称性" がポイントになる。

ベンダ （被告）

ユーザの主張に対して，ベンダは次にように反論した。

「セキュリティ対策について説明義務を負わない。」

［ユーザ］の主張する説明義務の発生根拠及び［ベンダ］が説明すべき内容は明

確でないし，［ユーザ］は事業を営む企業であって消費者ではないのであるから，［ベンダ］は，本件システムのセキュリティ対策について説明義務を負わない。

また，本件システムにはＳＱＬインジェクション対策を講じていないことによる脆弱性は存在しないこと，［ベンダ］は［ａ社］との間で通常の契約プランに基づきサーバーレンタル契約を締結しており，特にセキュリティレベルの低い契約形態を選択したものではないこと，［ユーザ］は金種指定詳細化により，クレジットカード情報が本件データベースに保存され，…読み取り判別が可能な状態となったことを認識していたことから，［ベンダ］には説明義務違反はない。

ベンダが主張している "ユーザは企業であって消費者ではない" という部分は，消費者契約法３条１項で規定されている次のような "説明義務" がないことをいっている。

消費者契約法
（事業者及び消費者の努力）
第三条 事業者は，次に掲げる措置を講ずるよう努めなければならない。
一 消費者契約の条項を定めるに当たっては，消費者の権利義務その他の消費者契約の内容が，その解釈について疑義が生じない明確なもので，かつ，消費者にとって平易なものになるよう配慮すること。

裁判所の判断

裁判所は，ユーザとベンダの主張に対して，次のように判示した（図表6-7）。

「ベンダにはセキュリティ対策の程度についての説明義務違反の責任は認められない。」

…［ベンダ］がＳＱＬインジェクション対策を講じていないことは，…［ユーザ］と［ベンダ］との間での本件システム発注契約に基づき発生する，個人情報の漏洩を防ぐために必要なセキュリティ対策を施したプログラムを提供すべき債務の不履行…に当たるのであるから，それとは別に，信義則上の義務として，［ベンダ］がＳＱＬインジェクション対策を講じていないことを説明すべき義務を負うとは認められない。…本件流出の原因はＳＱＬインジェクションと認められる一方，その他の本件システムのセキュリティ対策が脆弱であることが本件流出に寄与したことを認めるに足りる証拠はないから，［ベンダ］が本件システムのセキュリティ対策が脆弱であることを説明すべき義務を負うとは

認められない。… ［ベンダ］と［ａ社］との間のレンタルサーバー契約におい
て最低のセキュリティレベルの内容としていたことを裏付ける証拠はないから，
かかる事実は認められず，… ［ユーザ］の主張は前提を欠くために採用できない。
… ［ユーザ］のシステム担当者であるＣは，［ベンダ］の取締役であるＤからの
回答により，現状はデータベースにクレジットカード情報のデータはあるが，
データベースを直接見る手法を用いなければカード番号は見られないこと，セ
キュリティ上はクレジットカード情報を保持しない方が良く，その方が一般的
であることを認識していたことが認められ，［ベンダ］はクレジットカード情報
の保存による危険性を説明したといえるから，［ベンダ］にはクレジットカード
情報を暗号化せずに保存する設定としたことについての説明義務違反は認めら
れない。

図表6-7　セキュリティ対策の説明義務はあるか？

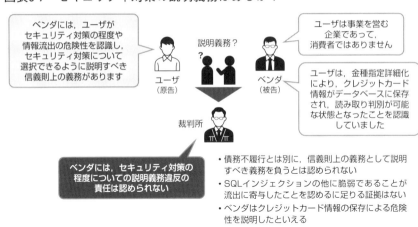

裁判所は，クレジットカード情報が流出した原因は，SQLインジェクシ
ョン対策を講じなかったベンダの債務不履行であって，それとは別にベンダ
が説明すべき義務はないと判断した。また，ベンダの取締役からユーザへの
回答から，ユーザのシステム担当者がクレジットカード情報の保存には危険
性があることを認識していたことからも，ベンダには説明義務はないとした。
しかし，これは本事案個別の状況からの判断であって，一般にベンダがセキ
ュリティ対策の説明義務はないといっているのではないことに留意する必要

がある。ベンダが提供するシステムのセキュリティ対策について，ユーザに
どこまで説明しているかを確かめることが重要である。

争点　4

損害賠償責任制限条項は適用されるか？

　ユーザとベンダとの間で締結された基本契約には，損害賠償について次の
ような条項があった。争点は，その損害賠償金額の上限に関わる部分である。

＜ユーザ（甲）とベンダ（乙）との間の基本契約（抜粋）＞
第7章　機密保持
第17条〔対象情報〕
　　本契約の対象情報とは，文書，口頭及びデータを問わず，甲より乙，ある
　いは乙より甲に開示される企画，ソフトウェア，その他書類に記載され，若
　しくは電磁的又は光学的に記録された技術上，営業上その他業務上，一切の
　知識及び情報，及び第三者（個人及び法人）の名称・住所・電話番号・性別・
　年齢・生年月日・職業・クレジットカード番号・各種会員番号・各種パスワ
　ードをはじめとする第三者の属性に関する一切の個人情報であって，以下に
　該当するものを含み，かつ，これに準ずるもので双方が信義上守るべき事項。
　　①～③（略）
　　④　甲の顧客に関する情報であって，提供又は開示の際に適宜「秘密」で
　　　ある旨の意思表示がされたもの。
第19条〔秘密保持義務〕
　　1　甲，乙は，「対象情報」を厳に秘匿し，相手方の事前の書面による承諾
　　なく，これを第三者に開示若しくは漏洩してはならない。
第25条〔損害金〕
　　甲若しくは乙が本契約内容に違反した場合には，その違反により相手方が
　被る全ての損害を賠償するものとする。
第9章　損害賠償その他
第29条〔損害賠償〕
　　1　乙が委託業務に関連して，乙又は乙の技術者の故意又は過失により，
　　甲若しくは甲の顧客又はその他の第三者に損害を及ぼした時は，乙はそ
　　の損害について，甲若しくは甲の顧客又はその他の第三者に対し賠償の
　　責を負うものとする。

2　前項の場合，乙は個別契約に定める契約金額の範囲内において損害賠償を支払うものとする。

当事者の主張

ユーザ（原告）

　ユーザは，ベンダがSQLインジェクション対策を講じなかったことは重過失に当たるとして，次のように主張した。

「ベンダには重過失があり，基本契約29条2項は適用されない。」

　本件基本契約は，29条2項では損害賠償金額の制限を定める一方，25条では全額の賠償を定めるという矛盾する条項が併記されており，29条2項が25条の特則である旨は明記されていないし，25条が，本件基本契約第7章「機密保持」の規定に違反した場合の損害賠償の特則と解すべき根拠はないから，当事者の合理的意思としては…相当因果関係がある損害全額の賠償を合意したものと解すべきであり，損害賠償金額を制限する旨の合意は成立していない。

　また，損害賠償金額を制限する特約が契約内容となるためには，民法の一般原則を排斥する両当事者の明確な個別的合意が必要であるが，本件基本契約は，専門業者である［ベンダ］が作成した定型的な契約書を使用したものであり，［ベンダ］は［ユーザ］に対して損害賠償金額を制限する29条2項が25条に優先して適用されるといった説明は一切していない上，本件基本契約は経済産業省が作成したモデル書式とは内容が異なるために，［ユーザ］と［ベンダ］との間では，本件基本契約29条2項については個別的な合意は成立していない。

　…［ベンダ］は無償配布ソフトウェア…をベースとして本件システムを構築しており，…特にセキュリティ対策に注意すべきであったこと，…セキュリティ対策の修正プログラム（パッチ）が公表されており，…本件ウェブアプリケーションについても同様の脆弱性が存在する可能性が高いことを容易に認識し得たのであり，［ユーザ］との間で保守契約を締結して本件システムを管理及び運用していたのであるから，納品後も修正プログラム（パッチ）を適用し，又は［ユーザ］に適用を推奨すべきであったにもかかわらず，本件システムに上記修正プログラム（パッチ）を適用していなかったことからして，［ベンダ］には重過失が認められ，本件基本契約29条2項は適用されない。

　特に，本件では，［ユーザ］と［ベンダ］との間の契約実態がASP…であり，ASP業者がアプリケーションソフトに関するセキュリティ対策を講じるのが通常であるため，［ユーザ］は［ベンダ］がセキュリティ対策を行っていると誤信していたこと，［ベンダ］は専門業者であるにもかかわらず，クレジットカード情報を

> 本件データベースだけでなくログに記録する設定にしていたなど，本件システムに関するセキュリティレベルは極めて低いものであったこと，…［ベンダ］には本件システムのセキュリティ対策についての説明義務違反があることから，［ベンダ］が賠償すべき金額を制限することは極めて不合理な結果となるために許されない。

　ユーザは，まず，損害賠償条項の解釈を述べている。確かに，この基本契約には，"損害金"と"損害賠償"の２つがあり，紛らわしい。経済産業省「情報システム・モデル取引・契約書（パッケージ，SaaS/ASP活用，保守・運用）〈第二版　追補版〉」における損害賠償条項では，次にようになっている。システム監査に限らず，監査対象に関わる契約書などの中で，損害賠償の扱いがどのように規定されているかを確かめておく必要がある。

（損害賠償）
第10条　ユーザ及びベンダは，本契約の履行に関し，相手方の責めに帰すべき事由により損害を被った場合，相手方に対して，法令に基づく損害賠償を請求することができる。但し，別紙重要事項説明書に請求期間が定められている場合は，法令に基づく請求期間にかかわらず重要事項説明書に定める期間の経過後は請求を行うことができない。
２）本契約及び個別契約の履行に関する損害賠償の累計総額は，債務不履行，（契約不適合責任を含む。）不当利得，不法行為その他請求原因の如何にかかわらず，帰責事由の原因となった業務に係る別紙重要事項説明書に定める損害賠償限度額を限度とする。
３）前項は，損害が損害賠償義務者の故意又は重大な過失に基づくものである場合には適用しないものとする。

　さらにユーザは，ベンダがシステムの脆弱性を容易に予見でき，かつ，公表されている修正プログラム（パッチ）を適用しなかったことから，ベンダには重過失があるとして，損害賠償金額の上限は適用されないと主張している。第１章で解説しているように，"重過失"かどうかは重要なポイントである。

ベンダ （被告）

ユーザの主張に対して，ベンダは重過失を否定し，次のように反論した。

「ベンダに重過失はなく，損害賠償義務は，基本契約29条 2 項により，『個別契約に定める契約金額の範囲内』が限度となる。」

> 本件基本契約は，25条で，当事者双方が民法の原則どおり損害賠償義務を負うことを確認し，29条 2 項で，［ベンダ］が損害賠償義務を負う金額を制限したものである。…本件基本契約29条 2 項は，［ベンダ］に重過失がある場合に適用が排除される旨は規定されていないから，［ベンダ］に重過失があったとしても適用される。
> また，本件システムにはＳＱＬインジェクション対策の不備はないこと，［ベンダ］は，本件ウェブアプリケーション製作時点において，…公開されている必要な修正プログラムは全て適用を済ませた上で納品して検収を受けており，特に契約をしていない以上はその後に修正プログラムを適用する義務を負わないことから，［ベンダ］には重過失は存しない。…

ベンダは，基本契約29条 1 項において「故意又は過失により」と規定し，同 2 項において「個別契約に定める契約金額の範囲内」と上限を定め，さらに，"重過失"の場合を排除していないことから，たとえ，重過失があったとしても損害賠償には上限があると主張している。契約書や約款などは，自己に有利になるように作成されるので，契約書などを確認する際には注意する必要がある。

裁判所の判断

ユーザとベンダの主張に対して，裁判所は，まず，基本契約29条 2 項の適用有無について，次のように述べた。

「本件基本契約29条 2 項は，ベンダに故意又は重過失がある場合には適用されないと解するのが相当である。」

> 本件基本契約29条 2 項は，ソフトウェア開発に関連して生じる損害額は多額に上るおそれがあることから，［ベンダ］が［ユーザ］に対して負うべき損害賠償金額を個別契約に定める契約金額の範囲内に制限したものと解され，［ベンダ］はそれを前提として個別契約の金額を低額に設定することができ，［ユーザ］が支払うべき料金を低額にするという機能があり，特に［ユーザ］が顧客の個人情報の管理について［ベンダ］に注意を求める場合には，本件基本契約17条所

定の「対象情報」とすることで厳格な責任を負わせることができるのであるから，一定の合理性があるといえる。しかしながら，上記のような本件基本契約29条2項の趣旨等に鑑みても，[ベンダ]…が，権利・法益侵害の結果について故意を有する場合や重過失がある場合…にまで同条項によって[ベンダ]の損害賠償義務の範囲が制限されるとすることは，著しく衡平を害するものであって，当事者の通常の意思に合致しないというべきである…。

裁判所は，重過失がある場合には基本契約29条2項は適用されないとしたうえで，ベンダの重過失の有無について，次のように判示した（図表6-8）。

「ベンダには重過失が認められる。」

…[ベンダ]は，情報処理システムの企画，ホームページの制作，業務システムの開発を行う会社として，プログラムに関する専門的知見を活用した事業を展開し，その事業の一環として本件ウェブアプリケーションを提供しており，[ユーザ]もその専門的知見を信頼して本件システム発注契約を締結したと推認でき，[ベンダ]に求められる注意義務の程度は比較的高度なものと認められるところ，…ＳＱＬインジェクション対策がされていなければ，第三者がＳＱＬインジェクション攻撃を行うことで本件データベースから個人情報が流出する事態が生じ得ることは[ベンダ]において予見が可能であり，かつ，経済産業省及びＩＰＡが…対策をするように注意喚起をしていたことからすれば，その事態が生じ得ることを予見することは容易であったといえる。また，バインド機構の使用又はエスケープ処理を行うことで，本件流出という結果が回避できたところ，本件ウェブアプリケーションの全体にバインド機構の使用又はエスケープ処理を行うことに多大な労力や費用がかかることをうかがわせる証拠はなく，本件流出という結果を回避することは容易であったといえる。

図表6-8　ベンダには重過失があるか？

　裁判所は，重過失の要件である予見可能性・予見容易性および結果回避可能性・結果回避容易性を評価し，ベンダに重過失があるかどうかを判断している。さらに，ベンダからの過失相殺の主張はなかったものの，ユーザに過失があるかどうかについて，次のように判示した。

**「ユーザに損害が認められるとしても，ユーザの過失を考慮し，
３割の過失相殺をするのが相当である。」**

> 　…［ユーザ］のシステム担当者が，顧客のクレジットカード情報のデータがデータベースにあり，セキュリティ上はクレジットカード情報を保持しない方が良いことを認識し，［ベンダ］から本件システム改修の提案を受けていながら，何ら対策を講じずにこれを放置したことは，本件流出によるクレジットカード情報の漏洩の一因となったことは明らかであるから，［ユーザ］に損害が認められるとしても，上記［ユーザ］の過失を考慮し，３割の過失相殺をするのが相当である（上記の過失相殺事由は，因果関係の断絶を基礎付ける事実として当事者が十分な攻撃防御をしているから，過失相殺をすることは弁論主義に反せず，当事者への不意打ちともならない。）。

　ここで重要なのは，ベンダからの提案に対して，ユーザがこれを放置した場合，ユーザに過失相殺が認められる場合があるということである。ベンダからの提案に対して，どのような対応をしているかを確かめる必要がある。

コラム 13
ISO/IEC 27001, ISO/IEC 27017

　「ISO/IEC 27001」は，情報セキュリティマネジメントシステム（ISMS）に関する国際規格である。ISMSの確立・実施・維持・継続的な改善，情報セキュリティのリスクアセスメントおよびリスク対応を実現するための要求事項が定められている。この取り組みをクラウドサービスに適用した国際規格が「ISO/IEC 27017」である。ベンダがこれら認証を取得することで，ユーザに対してセキュリティ対策をアピールできる。ISO規格では，内部監査の実施も要求事項なので，ユーザは，ベンダ自らセキュリティ対策のチェックをしている態勢であることが確認できる。ただし，認証を取得しているからといって，必ずしもセキュリティ対策が万全であるとは言い切れない。必要条件ではあっても十分条件ではないので留意する必要がある。可能であれば，ベンダが実施している認証に伴う内部監査報告書を閲覧するとよい。

（3）監査のポイント

①システムを守るセキュリティ要件

　稼働後のシステムは，さまざまなリスクに脅かされる。第5章で検討したシステム障害もリスクであるが，"セキュリティリスク"も重要なリスクである。そのセキュリティリスクに対して，システムに組み込むべきコントロールが「**セキュリティ要件**」であり，第3章の図表3-9で解説している非機能要件のひとつである。セキュリティ要件には，例えば，次のような項目が挙げられる（図表6-9）。

図表6-9　セキュリティ要件

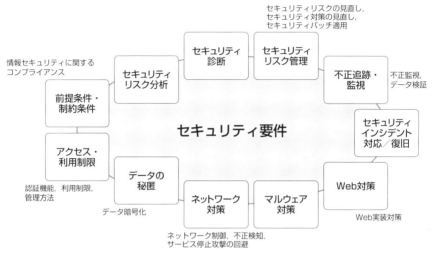

出所：独立行政法人情報処理推進機構「非機能要求グレード2018」（2018年）に基づき筆者作成。

　したがって，システムが取扱う情報の重要度（個人情報，営業秘密など）とシステム特性（インターネット接続，無線LAN，BtoCなど），関連法令・ガイドライン，脆弱性等の注意喚起，セキュリティインシデント事例などを踏まえて，どのようにセキュリティ要件を検討し，ユーザ・ベンダ間で合意しているかを確かめる必要がある。脆弱性等の情報は，IPAの注意喚起が参考になる。セキュリティ要件を満たすことができない事項がある場合には，当該リスクの発生頻度，影響度を分析・評価し，リスク顕在化時のセキュリティインシデント対応を整備しているかどうかもポイントになる。

②仕様追加・変更時の新たなセキュリティリスク

　システムに仕様追加・変更は避けられないが，それによってセキュリティ要件が確保できなくなる可能性がある。ベンダは，仕様追加・変更によってセキュリティ上で必要となる要件があれば，ユーザにしっかりと提案する必要がある。逆にユーザは，ベンダからの提案を放置しないように注意しないといけない。誰が仕様追加・変更を言い出したのか，それはどのような内容

なのか，仕様追加・変更に伴うセキュリティ上のリスクを分析・評価しているか，ユーザとベンダ間でどのようなやり取りをしたかなど，仕様追加・変更時の経緯や対応などの状況を確かめる必要がある。

③サイバー攻撃は防ぎきれない

本章の冒頭で触れたように，サイバー攻撃は増加傾向にあり，攻撃の手口も高度化，巧妙化してきている。システムをサイバー攻撃から完全に守ることはできないと考えたほうがよい。

a.　サイバーセキュリティフレームワーク

「**サイバーセキュリティフレームワーク**」（CSF：Cyber Security Framework）は，米国国立標準研究所（NIST：National Institute of Standards and Technology）が2014年2月に発行したガイドラインであり，改訂されたVer1.1が2018年4月に発行されている（IPAのホームページで日本語訳が公開されている）。「識別」（Identify），「防御」（Protect），「検知」（Detect），「対応」（Respond），「復旧」（Recover）の5つのコア機能と23のカテゴリーで構成される（図表6-10）。経済産業省からは「**サイバー・フィジカル・セキュリティ対策フレームワーク**」（2019年4月18日）が公開されているので，合わせて参考になる。

図表6-10　サイバーセキュリティフレームワーク

b. サイバーセキュリティ経営ガイドライン

「**サイバーセキュリティ経営ガイドライン**」は，経済産業省から2015年12月に公開されたガイドラインであり，2017年11月に改訂されたVer2.0が公開されている（図表6-11）。

図表6-11　サイバーセキュリティ経営ガイドライン（Ver2.0）

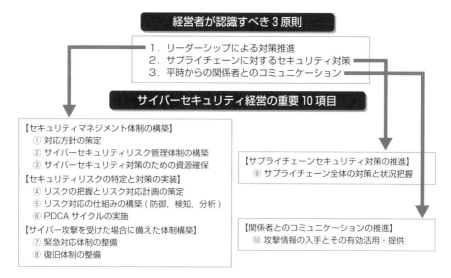

出所：経済産業省「サイバーセキュリティ経営ガイドライン（Ver2.0）」（2017年）に基づき筆者作成。

　事前の対策だけでは防御が難しくなってきていることを踏まえて，Ver2.0では，サイバー攻撃の検知や攻撃された場合の対応・復旧の強化などが加えられている。サイバーセキュリティ監査として，サイバーセキュリティ経営ガイドラインに照らした自組織の対応状況と課題などを検証，評価し，経営層に示しておくとよい。

コラム 14

営業秘密に求められる「秘密管理性」

　「営業秘密」とは，"秘密管理性"，"有用性"，"非公知性"の3要件を満たす技術上，営業上の情報である（不正競争防止法2条6項）。トレードシークレットや企業秘密などとも呼ばれていて，例えば，設計情報，顧客名簿，販売マニュアル，財務データなどの情報が該当する。営業秘密として管理されている情報が不正に競合他社などに流出して利用された場合には，事後対策として，差止請求（同3条1項），損害賠償請求（同4条），信用回復措置請求（同14条）ができる。

　セキュリティの観点からは，"秘密管理性"が重要であり，どの程度なら秘密管理性が認められるかがポイントになってくる。「営業秘密管理指針」（経済産業省　平成31年1月23日改訂）によれば，「秘密管理性要件の趣旨は，企業が秘密として管理しようとする対象（情報の範囲）が従業員等に対して明確化されることによって，従業員等の予見可能性，ひいては，経済活動の安定性を確保することにある。」とある。

　秘密管理性要件が満たされるためには，営業秘密保有企業の秘密管理意思が秘密管理措置によって従業員等に対して明確に示され，当該秘密管理意思に対する従業員等の認識可能性が確保される必要がある。従来は，①情報にアクセスできる者が制限されていること（アクセス制限），②情報にアクセスした者に当該情報が営業秘密であることが認識できるようにされていること（認識可能性）の2つが判断の要素とされていたが，「アクセス制限」は，「認識可能性」を担保するひとつの手段であることから，「情報にアクセスした者が秘密であると認識できる（「認識可能性」を満たす）場合に，十分なアクセス制限がないことを根拠に秘密管理性が否定されることはない。」とされている。「営業秘密管理指針」には，秘密管理措置の具体例も記載されているので参考になる。

ベンダの「保守作業ミス」で
個人情報が漏えいした責任は誰?

（1）事件の概要

　最後に取り上げる裁判事例は，委託先ベンダの保守作業ミスから，個人情報がインターネット上で閲覧できる状態で置かれていたことから流出した事案である。これまで取り上げた裁判事例とは違って，一般人の被害者らが原告となって，事業者（ユーザ）に損害賠償を求めた構図である（図表6-12）。

| 裁判事例　12 | 第一審：東京地判平成19・2・8 判タ1262号270頁
控訴審：東京高判平成19・8・28 判タ1264号299頁 |

訴　え

被害者

　エスティックサロンを経営する事業者がウェブサイト（ホームページ）において実施したアンケート等を通じて提供され保有管理していた被害者らの個人情報を，インターネット上において第三者による閲覧が可能な状態に置き，第三者がそれにアクセスしてその個人情報を流出させたことによって被害者らのプライバシーを侵害したとして，不法行為に基づき慰謝料等の支払を求めた。

図表6-12　裁判事例12

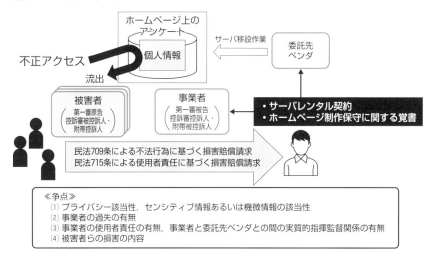

個人情報が流出した経緯は，次の通りである。他社との共有サーバ上にある事業者のウェブサイトが，アクセス数の増加による容量不足で障害が発生した。委託先ベンダから事業者専用サーバへの移設提案を受け，事業者はこれに応じた。委託先ベンダが本件ウェブサイトを事業者専用のサーバに移設する作業において，本件電子ファイルをサーバ内の公開領域に置いたうえ，第三者のアクセス権限を制限するような設定を講じなかったことから，本件ウェブサイトにアクセスした第三者が本件電子ファイルを閲覧することが可能な状態になり，閲覧した第三者によって本件情報がインターネット上に流出した。

◆第一審◆

請　求

被害者

1　第1事件

　　［事業者］は，［被害者1］から［被害者10］までの各［被害者］らに対し，

各115万円及びこれに対する平成15年 1 月16日から支払済みまで年 5 分の割合
による金員をそれぞれ支払え。

2　第 2 事件
　　［事業者］は，［被害者11］から［被害者13］までの各［被害者］らに対し，
各115万円及びこれに対する平成15年 4 月17日から支払済みまで年 5 分の割合
による金員をそれぞれ支払え。

3　第 3 事件
　　［事業者］は，［被害者14］に対し，115万円及びこれに対する平成16年 4 月15
日から支払済みまで年 5 分の割合による金員を支払え。

判決：主文

1　［事業者］は，［被害者 1 ］から［被害者 9 ］までの各［被害者］らに対し，
各 3 万5000円及びこれに対する平成15年 1 月16日から支払済みまで年 5 分の
割合による金員をそれぞれ支払え。

2　［事業者］は，［被害者10］に対し， 2 万2000円及びこれに対する平成15年 1
月16日から支払済みまで年 5 分の割合による金員を支払え。

3　［事業者］は，［被害者11］から［被害者13］までの各［被害者］らに対し，
各 3 万5000円及びこれに対する平成15年 4 月17日から支払済みまで年 5 分の
割合による金員をそれぞれ支払え。

4　［事業者］は，［被害者14］に対し， 3 万5000円及びこれに対する平成16年 4
月15日から支払済みまで年 5 分の割合による金員を支払え。

5　［被害者］らのその余の請求をいずれも棄却する。

6　訴訟費用は，第 1 事件から第 3 事件を通じて，各自の負担とする。

7　この判決は第 1 項から第 4 項に限り仮に執行することができる。

◆控訴審◆

請　求

事業者

（ 1 ）原判決中［事業者］敗訴の部分を取り消す。

（ 2 ）前項の取消部分に係る［被害者］らの請求をいずれも棄却する。

（ 3 ）訴訟費用は，第 1 ， 2 審とも［被害者］らの負担とする。

被害者 （附帯控訴）

（1）原判決を次のとおり変更する。

（2）［事業者］は，［被害者］らに対し，各30万円及びこれに対する1ないし10番
　　　［被害者］については平成15年1月16日から，11ないし13番［被害者］につい
　　　ては同年4月17日から，14番［被害者］については平成16年4月15日から支
　　　払済みまで年5分の割合による金員をそれぞれ支払え。

（3）訴訟費用は，第1，2番とも［事業者］の負担とする。

（4）仮執行の宣言

判決：主文

1　本件控訴及び本件附帯控訴をいずれも棄却する。

2　控訴費用は［事業者］の負担とし，附帯控訴費用は［被害者］らの負担とする。

（2）当事者の主張と裁判所の判断

　【裁判事例12】では4つの争点が整理された。ここでは「争点（3）事業
者の使用者責任の有無，事業者と委託先ベンダとの間の実質的指揮監督関係
の有無」を取り上げて，当事者の主張と裁判所の判断から監査のポイントを
検討する。

争 点

　　　　事業者は使用者責任を負うか（民法715条）。
　事業者と委託先ベンダとの間に実質的指揮監督関係があったか？

◆第一審◆

当事者の主張

被害者 （第一審原告，控訴審被控訴人・附帯控訴人）

　事業者の使用者責任（民法715条）について，被害者らは次のように主張
した。

「事業者は，個人情報の管理に関わる事柄全般について，委託先ベンダを指揮監督すべき地位にあった。」

　…本件ウェブサイトの開設・管理は，［事業者］の事業そのものであり，［事業者］は，このような事業の一環として個人情報を大量に収集，管理し，それを利用していたのであるから，個人情報の管理に関わる事柄全般について，［委託先ベンダ］を指揮監督すべき地位にあった…。…［事業者］と［委託先］の間の契約内容や履行状況を見ても，［事業者］が［委託先ベンダ］を実質的に指揮監督していたことは明らかである。…

　…［事業者］と［委託先ベンダ］の双方に秘密保持義務や事故報告義務が課されているものであることからも，本件ホームページ制作保守契約の性質は，請負契約ではなく準委任契約というべきである。したがって，同条の適用はなく，［事業者］が免責されることはない。仮に，同条が適用されたとしても，［委託先ベンダ］は納品を完了しているのであるから，その対象物に関する危険は，［事業者］が負担すべきものである。

　システム保守業務を委託している委託先ベンダの過失について，委託元の事業者にどこまでの責任が問われるかである。システムの運用・保守を委託しているユーザは多いので，注意すべきポイントになる。

事業者（第一審被告，控訴審控訴人・附帯被控訴人）

　事業者は，委託している業務についての専門的な知識はなく，委託先ベンダに具体的な指示はできないとして，次のように反論した。

「事業者と委託先ベンダとの間に実質的な指揮監督関係は存在せず，委託先ベンダに対する注文または指図について，事業者に過失はない。」

　…［委託先ベンダ］に発注された作業の内容は…インターネットやコンピュータに関する詳細な知識や技術が不可欠な作業であり，専門的知識のない［事業者］が具体的指示をすることが不可能なものであったため，［委託先ベンダ］が専門的知識に基づき契約内容の変更を自由に提案できるとされた。このように，［委託先ベンダ］は，本件ウェブサイトの構築，アンケートデータの収集管理についても独自の裁量に基づき作業を行っていたものであって，［事業者］は注文主として一般的に当然行う関与，例えば希望を述べることや［委託先ベンダ］の提案に対す

る承諾や成果物の瑕疵の有無の確認等を超えて，具体的に指揮監督したことはなかった。…

　…本件ホームページ制作保守契約は，本件ウェブサイトの作成，更新やサーバーの移設等の労務の成果を給付の目的とするものであり，労務それ自体を給付の目的とした契約ではない。そして，［委託先ベンダ］の業務は，…極めて専門的・独立性の強いものであるから，［事業者］から独立した請負人の地位にあったというべきである。このように，本件ホームページ制作保守契約は，請負契約の性質を有するものであるから，民法716条により，［事業者］は，請負人である［委託先ベンダ］が第三者に加えた損害について，賠償責任を負わない。…

　事業者は，システム保守業務の委託は請負契約であるから，委託先ベンダが被害者らに加えた損害の責任は事業者にはないと主張している。しかし，本件ウェブサイトのシステムオーナーは事業者なので，委託先ベンダがシステム保守作業を行う際，勝手に作業をするとは考えにくい。事業者と委託先ベンダとの間で，どのような作業手順が定められ，行われていたかがポイントになってくる。

裁判所の判断（第一審）

　被害者らと事業者の主張に対して，裁判所は次のように判示した（図表6-13）。

「事業者は，民法715条により不法行為責任を免れない。」

　…本件ウェブサイトの具体的内容の決定権限や，本件ウェブサイトの最終的な動作確認の権限は［事業者］にあるものとされ，［委託先ベンダ］は，随時，［事業者］の担当者に対し，運用に関する報告を行い，障害や不具合が発生した場合には，［事業者］の担当者との間で原因調査や対応策について協議を行っていた…。…［事業者］は，本件ウェブサイトの管理を主体的に行い，［委託先ベンダ］に委託したコンテンツの内容の更新，修正作業等についても実質的に指揮，監督していたものということができる。…

　…本件ホームページ制作保守契約においては，本件ウェブサイトのコンテンツの内容等は［事業者］が決定し，［委託先ベンダ］は，その決定された内容を実現するために専門的技術的知識を提供するにすぎず，その委託された業務には独立した判断や広い裁量はなかったものと認められるから，指揮，監督関係を否定することはできない。…

　…本件ホームページ制作保守契約は，一定の期間，［委託先ベンダ］に本件ウ

ェブサイトのコンテンツの更新や修正等の業務を委託し，その業務の対価を毎月支払うというものであり，仕事の完成を目的とするものではない上，その実態を見ても，その委託された業務には独立した判断や広い裁量はなかったものと認められるから，…（716）条の適用はないものというべきである。

図表6-13　事業者（委託元）の使用者責任

　ある事業のために他人（被用者）を使用する者（使用者）は，被用者がその事業の執行について第三者に加えた損害を賠償する責任を負う（民法715条１項本文）。これを「**使用者責任**」という。ただし，使用者が被用者の選任およびその事業の監督について相当の注意をしたとき，または相当の注意をしても損害が生ずべきであったときは，責任を免れることができる（民法715条１項ただし書）。裁判所は，事業者と委託先ベンダとの間の契約は請負契約ではなく準委任契約であって，委託先ベンダには独立した判断や広い裁量はなかったと判断している。ただし，準委任契約であっても委託先ベンダには"善管注意義務"があるので，電子ファイルをサーバ内の公開領域に置いたうえ，第三者のアクセス権限を制限するような設定を講じなかったことについて，事業者から委託先ベンダに損害賠償を請求することは可能である。

◆控訴審◆

第一審の判決では，被害者らの請求に対して，それぞれ慰謝料3万円および弁護士費用5000円の計3万5000円の支払を求める限度で認容した。これに対して，事業者は，1人当たり3万5000円という損害額はあまりにも高額であり，その敗訴部分を不服として控訴し，さらに，被害者らもそれぞれの敗訴部分を不服として附帯控訴した。

裁判所の判断（控訴審）

控訴審の裁判所は，次のように判示した。

「事業者の主張は採用の限りでない。」

> …［事業者］は，本件ウェブサイトのコンテンツの具体的な内容を自ら決定し，その決定に従い［委託先ベンダ］が行ったコンテンツ内容の更新や修正について，セキュリティ等を含めてその動作を自ら確認していたものであり，また，［委託先ベンダ］から随時運用に関する報告を受け，障害や不具合が発生したときは［委託先ベンダ］と原因や対応等について協議していたことが認められるから，［事業者］は，［委託先ベンダ］が行う本件ウェブサイトの制作，保守について，［委託先ベンダ］を実質的に指揮，監督していたものということができる。…

控訴審の裁判所は，被害者らの個人情報が流出した態様，程度，事業者の採った措置などを総合的に考慮し，第一審判決は妥当であると判示している。

コラム 15
ゼロ知識証明

「ゼロ知識証明」（zero-knowledge proof）とは，1980年代に概念が提案された暗号理論における情報伝達手法のひとつであり，ある人（証明者）が他の人（検証者）に特定の事項（命題）を証明したい場合に，当該命題が正しいこと以外の情報を与えずに証明する技術である。例えば，ある人が本人であることを証明したい時に，"自分だけが知っているパスワードを入力する代わりに，

当該パスワードを知っているという証拠を送る"ことが挙げられる。パスワード自体を伝えることなく，パスワードを知っていることを証明する。パスワードを伝えないということで"ゼロ知識"，パスワードを知っているということで"証明"である。この技術を応用すれば，例えば，個人情報を渡さずに本人確認をすることができる。

　ゼロ知識証明では，完全性（真であるには証拠がなければならない），健全性（証明できることはすべて真でなければならない），ゼロ知識性（証明されたという事実だけが表明される）の３つの特性を満たす必要がある。

（3）監査のポイント

①委託先の必要かつ適切な監督

　【裁判事例12】では，被害者らの個人情報を保有する事業者が，システム運用の委託先ベンダを監督する責任があったかどうかが焦点になった。いわゆる「**委託先の監督**」である。個人情報保護法25条では，委託先の監督として，「個人情報取扱事業者は，個人データの取扱いの全部又は一部を委託する場合は，その取扱いを委託された個人データの安全管理が図られるよう，委託を受けた者に対する必要かつ適切な監督を行わなければならない。」と規定し，自らが講ずべき安全管理措置と同等の措置が講じられるよう，監督を行うことが求められている。

　また，個人情報保護委員会が公表している「個人情報の保護に関する法律についてのガイドライン（通則編）」（令和３年10月一部改正）では，委託元（ユーザ）が委託先（ベンダ）に対して必要かつ適切な監督を行っていない場合として，次の４つの事例を挙げている。裏返してみれば，委託先の監督が適切かどうかを評価する際のポイントになる。

　事例１）個人データの安全管理措置の状況を契約締結時及びそれ以後も適
　　　　　宜把握せず外部の事業者に委託した結果，委託先が個人データを漏
　　　　　えいした場合

　事例２）個人データの取扱いに関して必要な安全管理措置の内容を委託先

に指示しなかった結果，委託先が個人データを漏えいした場合

事例3）再委託の条件に関する指示を委託先に行わず，かつ委託先の個人
データの取扱状況の確認を怠り，委託先が個人データの処理を再委
託した結果，当該再委託先が個人データを漏えいした場合

事例4）契約の中に，委託元は委託先による再委託の実施状況を把握する
ことが盛り込まれているにもかかわらず，委託先に対して再委託に
関する報告を求めるなどの必要な措置を行わず，委託元の認知しな
い再委託が行われた結果，当該再委託先が個人データを漏えいした
場合

さらに，委託元が委託先を必要かつ適切に監督していない場合で，委託先
が再委託をした際に再委託先が個人情報を不適切に取扱ったときは，委託元
による個人情報保護法違反と判断される可能性があるので，再委託する場合
は注意が必要である（図表6-14）。

図表6-14　委託元の責任はどこまで？

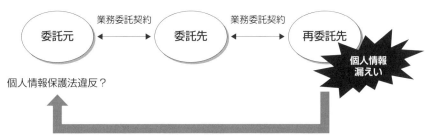

少なくとも，ユーザ（委託元）とベンダ（委託先）との間で合意したセキ
ュリティレベルを再委託先でも維持するため，契約の再委託条項に次のよう
な事項を明記しておくほうがよい。

＜ユーザの立場＞
第○○条（再委託）
1　乙（ベンダ）が本件業務の全部又は一部につき第三者に再委託しようと

する場合，甲（ユーザ）の事前の書面による承認を得るものとする。甲が承認を拒否するには，合理的な理由を要するものとする。

2　乙が前項に定める承認を得て再委託をするとき，乙は，本契約に定める乙の甲に対する義務と同等の義務を再委託先に対して負わせる契約を締結するものとする。

3　乙は，再委託先の履行について監督するとともに，自ら業務を遂行した場合と同様の責任を負うものとする。

4　再委託先がさらに再委託をする場合も同様とする。

＜ベンダの立場＞

第○○条（再委託）

1　乙は，乙の責任において，本件業務の一部を第三者に再委託することができる。ただし。甲が要請した場合，再委託先の名称及び住所等を甲に報告するものとする。甲において当該第三者に再委託することが不適切となる合理的な理由が存在する場合，甲は乙に対して書面により，その理由を通知することにより，当該第三者に対する再委託の中止を請求することができる。

2　乙が第三者に再委託をするとき，乙は，本契約に定める乙の甲に対する義務と同等の義務を再委託先に対して負わせる契約を締結するものとする。

3　乙は，再委託先の履行について監督するとともに，自ら業務を遂行した場合と同様の責任を負うものとする。

4　再委託先がさらに再委託をする場合も同様とする。

②書面監査の実効性を高める

　ユーザ（委託元）がベンダ（委託先）を監督する方法のひとつに「**委託先監査**」がある。委託先監査では，委託先に〝自浄作用〟があるかどうかを確かめることが重要になる。つまり，委託先自らPDCAサイクルを回し，改善に努める態勢があるかどうかである。ユーザの内部監査部門がベンダ先に赴き，委託業務を対象に実査することが理想ではあるが，さまざまな制約から書面による確認で代替することも多い。

　書面監査の場合，「委託先調査票」,「モニタリングシート」などの形で定期的にユーザからベンダに回答を依頼することになる。しかし，毎回，同じ質問項目で「はい／いいえ」の回答だけを求めるのは，形式的な回答になりやすいので注意すべきである。同じ質問だと，前回の回答をコピーアンドペーストするだけで回答ができるので，委託先監査が形骸化してしまう。少なくとも，前回の回答内容からの変更点とその証拠資料名の記載を求めることで，前回のコピーアンドペーストだけでは回答できないようにするとよい。実査時に回答の証拠資料を確認することを明示しておけば，"いい加減な回答をすると実査で指摘される"という牽制ができ，書面監査の実効性を高めることができる（図表6-15）。

図表6-15　書面監査の実効性を高める

- 「はい／いいえ」の根拠は何か？
- 前回監査以降でアップデートされた証拠資料は何か？
- 前回監査以降の変更点は何か？
- 変更点の内容を確認できる証拠資料は何か？　など

監査人がみるポイント

- 情報の重要度，システムの特性，脆弱性の情報などを踏まえたセキュリティ要件を確かめる。
- 仕様追加・変更時に新たなセキュリティリスクが生じる。
- システムの開発や運用は委託できても，責任までは委託できない。
- 変更点と証拠資料で書面監査の実効性を高める。

コラム 16

個人情報保護委員会への報告義務化（改正個人情報保護法［2022年4月施行］）

　改正前の個人情報保護法では，個人データが漏えいした場合の個人情報保護委員会への報告に法的義務はなかった。2022年4月施行の改正法では，個人情報取扱事業者の責務として，漏えい時の報告義務が追加されている。個人の権利・利益を害するおそれが大きいものとして，個人情報保護委員会規則に定める事態としては，次の4つがある。

　①要配慮個人情報が含まれる個人データの漏えい，滅失，毀損

　②不正に利用されることにより財産的被害が生じるおそれがある個人データの滅失，毀損

　③不正の目的をもって行われたおそれがある個人データの漏えい，滅失，毀損

　④個人データに係る本人の数が千人を超える漏えい，滅失，毀損

　これらのいずれかに該当する事態が発生し，又は発生したおそれがある場合である。このような事態に該当する場合，個人情報取扱事業者は，個人情報保護委員会に報告しなければならない（26条）。また，原則として，本人に通知しなければならない（同条2項）。

　したがって，標的型メール攻撃やランサムウェアなどのサイバー攻撃によって，個人データが漏えいした場合なども該当する。ただし，高度な暗号化技術が採用され，適切に実装されていること，復号等の手段が適切に管理されていることなど，個人の権利・利益を保護するために必要な措置を講じていれば報告は不要とされているので，監査で確認すべきポイントになる。

第 7 章

新たなICTにおける監査のポイント

　第2章から第6章で取り上げた裁判事例は，数多く提起されている訴訟事件のほんの一部に過ぎない。ICT（Information and Communication Technology：情報通信技術）の進展はめざましく，ますます高度化，複雑化していくことから，今後，新たなICTに関わる訴訟事件も想定される。そこで，本章では，利用が広がりつつある「AIシステム」，「RPAロボット」に関わる架空の事案を想定し，ユーザとベンダの主張から監査のポイントを検討する。

本章の内容

▶ 「AIシステム」の不備はどこまでベンダの責任なのか？
▶ 「RPAロボット」の運用・保守は誰が行うのか？

1

「AIシステム」の不備は
どこまでベンダの責任なのか?

　近年，データから規則性や判断基準を学習し，それに基づき未知のものを予測，判断する技術である「**機械学習**」（Machine Learning）の進展がめざましい。経済産業省が公表している「人間中心のAI社会原則」を具体的に実践するための指針である「AI原則実践のためのガバナンス・ガイドライン」では，「**AIシステム**」を次のように定義している。

　　「深層学習を含む様々な方法からなる，教師あり，教師なし，強化学習を含む機械学習アプローチを用いたシステムであって，人間が定義した特定の目的のために，現実又は仮想環境に影響を与えるような予測，助言，決定を行う性能を有するシステム。このAIシステムは設計次第で様々な自律の程度で動作する。このAIシステムには，ソフトウェアだけではなく，ソフトウェアを要素として含む機械も含まれる。」

　例えば，車間距離制御装置，スマートフォンの音声認識，問合せに自動応答するチャットボットなど，AIシステムは身近な存在になってきている。このようなシステムを開発するには専門的な知識が必要になることから，ユーザがAIシステムを導入する場合，ノウハウのあるベンダに開発を委託することが多い。また，学習済みモデルからの予測や判断の解釈が難しかったり，データによっては精度が低下したりすることがあるので，従来のウォーターフォールモデルのような開発プロセスで開発することは難しく，一般に「**探索的段階型開発プロセス**」で進められる（図表7-1）。

　一方，システムから出力された結果の説明性や透明性の欠如，差別につながるバイアスなど，AIシステムにはさまざまなリスクも懸念されている。今後，AIシステムに関わる訴訟事件もでてくると思われるが，本書執筆時点では適当な実例が見当たらないことから，架空の事案を想定してAIシステムに関わる監査のポイントを検討する（図表7-2）。

図表7-1　探索的段階型開発プロセス

	アセスメント段階	PoC段階(Proof of Concept)	開発段階	追加学習段階
目的	一定量のデータを用いて学習済みモデルの生成可能性を検証	学習用データセットを用いてユーザが希望する精度の学習済みモデルが生成できるかを検証	学習済みモデルを生成	ベンダが納品した学習済みモデルについて，追加の学習用データセットを使って学習
成果物	レポート等	レポート，学習済みモデル（パイロット版）等	学習済みモデル，学習用データセット　等	再利用モデル（派生モデル），蒸留モデル　等
契約	秘密保持契約等	導入検証契約 等	ソフトウェア開発契約	保守運用契約，ソフトウェア開発契約　等

出所：経済産業省「AI・データの利用に関する契約ガイドライン（1.1版）」（2019年）に基づき筆者作成。

（1）事件の概要

架空裁判事例　1

　フォークリフトなど構内作業車両を製造・販売するX社（ユーザ）は，機械学習によるAI技術を利用した自動運搬の実用化に向けて，レーザー光と高精度カメラで物体を捉え，周辺環境を識別するための自動識別システムの開発について，AIシステムの開発ノウハウがあるY社（ベンダ）に協力を依頼することにした。

　ユーザとベンダとの間で，PoC（概念実証）の準委任契約を締結し，ユーザから提供されたサンプルデータを用いて，ベンダがパイロット版の学習済みモデルの生成や精度向上の作業を行い，開発の可否や妥当性を検証した。PoCの結果が良好であり，開発が可能であると判断されたことから，引き続き，ユーザとベンダとの間で，システム開発委託契約を締結した。ベンダは，ユーザから提供された生データを元に学習用データセットに加工・変換して，学習用プログラムから学習済みモデルを生成し，ユーザに当該学習済みモデルを組み込んだ本件システムを完成させた。ベンダは，試験運用に向けて，さらに追加の学習用データセットを投入して，学習済みモデルを更新した。

訴　え

ユーザ

　ベンダから納入された本件システムを搭載したフォークリフト車両をユーザの工場構内で試験運用をはじめたところ，画像識別エラーが多く発生して急停止したり，障害物を避けて急旋回して近くの従業員に接触しそうになったりした。そこで，ベンダが本件システムを完成させなかったとして，ベンダに対し，債務不履行による損害賠償請求権に基づく損害金等の支払を求めた。

　また，ベンダが，成果物である学習済みモデルを基にして，ベンダ独自の学習用データで追加学習させ，再利用モデル（派生モデル）を生成し，ユーザ以外の第三者に提供しはじめていたことから，ベンダに対して，学習済みモデルの知的財産権を侵害しているとして，著作権に基づく販売の差止および損害賠償等を求めた。

図表7-2　架空裁判事例 1

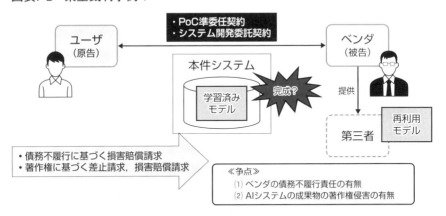

（2）当事者の主張

架空の事案であるので，ユーザとベンダがどのような主張をする可能性があるかを検討する（図表7-3）。

図表7-3　ユーザとベンダの主張

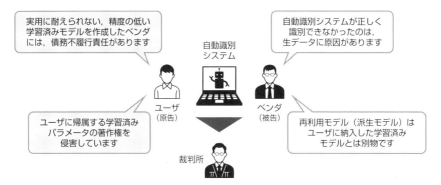

実用に耐えられない，精度の低い学習済みモデルを作成したベンダには，債務不履行責任があります

自動識別システム

自動識別システムが正しく識別できなかったのは，生データに原因があります

ユーザ
（原告）

ベンダ
（被告）

ユーザに帰属する学習済みパラメータの著作権を侵害しています

再利用モデル（派生モデル）はユーザに納入した学習済みモデルとは別物です

裁判所

争点 1

ベンダには債務不履行責任があるか？

AIシステムの開発段階における成果物に「学習済みモデル」がある。ユーザは，学習モデルを生成するために必要な生データをベンダに提供し，ベンダは，この生データを学習用データセットに加工・変換した後，学習用プログラムに入力し，学習済みモデルを生成する（図表7-4）。

図表7-4　AIシステムの開発

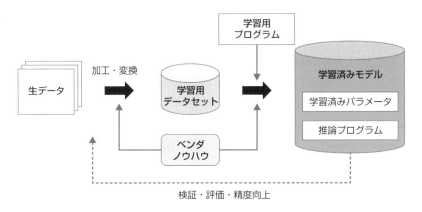

当事者の主張

ユーザ（原告）

　ユーザは，試験運用で多くの不備が発生したことから，次のように主張した。

「実用に耐えられない，精度の低い学習済みモデルを
作成したベンダには，債務不履行責任がある。」

> 　［ベンダ］から納入されたシステムを搭載した車両を［ユーザ］工場の構内で試験運用をはじめたところ，画像識別エラーが発生して停止する事象が多発した。さらに，車両が障害物を避けるために自動で急旋回したことから，車両の近くにいた従業員に接触しそうな事象も発生した。［ユーザ］は，ベンダの指示に基づいて，学習済みモデルの生成に必要な生データを提供していることから，ベンダが作成した学習済みモデルに不備があるのであって，本件システムが完成したということはできない。
> 　そもそも，［ユーザ］に機械学習によるAI技術を利用したシステムを開発する知識がないからこそ，専門的な知識やノウハウを有する［ベンダ］に開発を委託し，PoCで検証したのであって，［ユーザ］がシステム開発に関与する余地はない。

　ユーザは，機械学習に必要な生データをベンダに提供しただけである。

PoC（概念実証）で検証もしているのに，どうして試用運転では実用に耐えない結果になってしまったのだろうか。PoC段階で生成された学習済みモデルに対して，開発段階でさらに生データを追加して学習させていることから，ユーザは，当然，学習済みモデルの精度が高くなっていると思っている。しかし，生データには，そのままでは学習に適さないものが含まれていることもあり，学習済みモデルの精度は学習に利用するデータに大きく依存する。その辺りに，AIシステム開発のリスクが潜んでいる。

ベンダ （被告）

　ユーザの主張に対して，ベンダは，学習済みモデルはユーザも承認しているとして，次のように反論した。

「システムは完成している。自動識別システムが正しく認識できなかったのは，ユーザから提供された学習用の生データに原因がある。」

> 　納入した学習済みモデルは，［ユーザ］から提供された生データに基づき，PoCで［ユーザ］が承認したパイロット版の学習済みモデルを使って生成し，試験運用で使った本件システムの学習済みモデルは，［ユーザ］からさらに提供された追加の生データから学習させて生成している。試験運用で発生した不備は，［ユーザ］が提供した生データの問題であって，本件システムは完成している。

　本件システムの開発は請負契約である。学習済みモデルを生成する学習段階は，学習用データセット，さらには生データという限定されたデータからルールを推測することになる。学習済みモデルの内容や性能などは，契約締結時点で不明確であり，どのような精度の成果物が完成するかの予測が困難である。本件システム開発が請負契約でよいのか，仮に請負契約であるとしても，ベンダがユーザに対して開発成果物をどのように説明していたかがポイントになる。

争点 2

成果物の著作権侵害はあるか？

　AIシステムはデータへの依存度が高く，学習しながら進化する。利用段階では，生成された学習済みモデルに新たなデータを投入して，さらに学習させて，学習済みパラメータを調整していく（図表7-5）。したがって，追加学習で生成された再利用モデル（派生モデル）や蒸留モデルの権利を誰が有するのか，権利の利用条件をどのようにするのかなどが問題になる。

図表7-5　利用段階の流れ

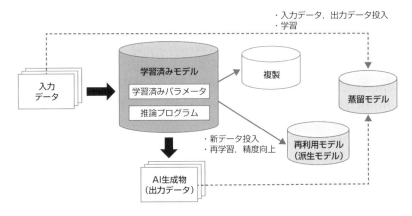

当事者の主張

ユーザ（原告）

　ユーザは，再利用モデル（派生モデル）にはユーザが提供した生データを基にして生成された学習済みパラメータが含まれているとして，次のように主張した（図表7-6）。

「ベンダは, ユーザに帰属する学習済みパラメータの著作権を侵害している。」

> ［ベンダ］が［ユーザ］以外の第三者に提供している自動識別システムに組み込まれている再利用モデル（派生モデル）は, もともと,［ユーザ］が用意した生データから生成されたものであり,［ユーザ］内の工場や倉庫,［ユーザ］固有の設備などの画像情報が含まれている。［ベンダ］に提供した生データは,［ユーザ］が自動識別に必要と考え, 撮影し, 選定しているので,「思想・感情」,「創作性」,「表現」の要素があり, 著作権法で保護される。

　ユーザは, ベンダに委託して開発した本件システムに組み込まれている学習済みパラメータは, 著作権法2条1項1号に定められている著作権の要件を満たしているので, 著作権はユーザにあり, ベンダが再利用モデル（派生モデル）を生成する際に利用することはできないと主張している。

図表7-6　成果物の著作権は？

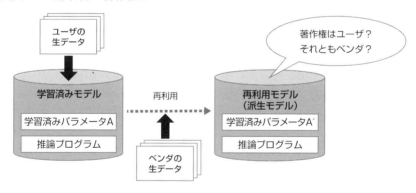

著作権法2条1項1号
（定義）
　第二条　この法律において, 次の各号に掲げる用語の意義は, 当該各号に定めるところによる。
　一　著作物　思想又は感情を創作的に表現したものであつて, 文芸, 学術, 美術又は音楽の範囲に属するものをいう。
　（以下, 略）

ベンダ （被告）

ユーザの主張に対して，ベンダは次のように反論した。

> 「再利用モデル（派生モデル）は，ユーザに納入した学習
> 済みモデルとは別物である。再利用モデルは，ベンダが
> 保有する生データを使って，学習用プログラムとノウハ
> ウから生成しているので，著作権はベンダに帰属する。」

一般に学習済みパラメータは，単なる数値の並びであって，「思想・感情」を表現したものではなく，知的財産権の対象とならない。本件システムに組み込まれている再利用モデル（派生モデル）は，［ベンダ］が保有する学習用プログラムに，［ベンダ］のノウハウと独自の生データを使って生成したものであって，新たな学習行為が介在している以上，元の学習済みモデルに依拠して生成されたとはいえず，著作権侵害は成立しない。

学習済みモデルの著作権の帰属は，生データを提供したユーザあるいは学習済みモデルを生成したベンダのどちらにあるのかという問題である。学習済みモデルは，学習済みパラメータと推論プログラムから構成されるので，学習済みパラメータと推論プログラムについて，契約上で利用の目的や範囲に一定の制限を設けるなどを明示すべきである。

コラム17
トロッコ問題とAI

次の状況下で，読者の皆さんはどうするかを考えてみてほしい。

> 「トロッコが暴走しはじめている。先には5人が動けない状態でいる。それを避けるためには，ポイント（転轍機）を右方向へ切り替えればよいが，その先にも1人が動けない状態でいて，轢いてしまうことになる。ポイントの前にいるあなたは，どう対応するか？」

選択肢は2つある。
　A：　何もせずに，5人が轢かれるのを傍観する

B：　ポイントを右に切り替えて，５人よりも少ない１人だけが轢かれる
　　　ようにする

どちらがより倫理的な選択なのか，また，どちらが正しい選択なのか。

これは，「トロッコ問題」（Trolley problem）と呼ばれる "思考実験" のひとつであり，1985年，ジュディス・ジャービス・トムソン（Judith Jarvis Thomson）教授の論文で提示された。ほかにも "歩道橋問題" や "トンネル問題" など，功利主義と義務論の狭間で判断が求められる問題がある。

このトロッコをAIシステムが搭載された自動運転車に置き換えた場合，ポイントの切り替えは自動運転車のハンドル操作に対応する。どのようにハンドルを操作するかはAIシステムに組み込まれたプログラムロジックである。倫理的，道徳的な問題まで絡んでくる悩ましい課題である。

（3）監査のポイント

①機械学習システムに関わる問題

【架空裁判事例１】で取り上げたAI技術は「機械学習」であり，プログラムがデータから学習して判断や推論のアルゴリズムを生成する仕組みである。機械学習の主な種類には，"教師あり学習"，"教師なし学習"，"強化学習"，"深層学習" などがある。

従来のシステムはアルゴリズムをそのままプログラム化するので，入力するデータからの出力結果，入力から出力に至るプロセスなどが明確で説明しやすい。一方，機械学習システムはその判断プロセスが不明確であり，ブラックボックスになる。また，誤ったデータによる学習や判断結果の誤謬など，さまざまな問題がある（図表7-7）。

機械学習システムなどのAIシステムを監査するに当たっては，これらの問題について十分に検討，考慮して，設計・開発・運用しているかどうかを確かめる必要がある。

図表7-7　機械学習システムに関わる問題（例）

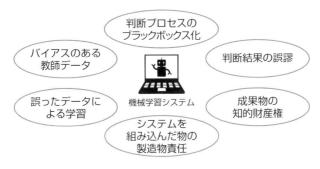

②AIシステム開発におけるユーザとベンダの役割

　図表7-6の機械学習システムに関わる問題にもあるように，学習済みモデルがユーザの要件を満たすかどうかは，学習元の生データに大きく依存する。手当たり次第に生データを集めるのではなく，必要な生データの量，期間，粒度，質などを踏まえて，収集する必要がある。ユーザは，AIシステムを活用して実現したい目標は何か，どのような生データがあるのか，学習に適した生データをどのように選択するのか，どの生データを使って学習済みモデルを検証して評価するのか，などを明確にしておく必要がある。つまり，ユーザには，従来のウォーターフォールモデルにはないような積極的かつ主体的な役割が求められる。

　一方，ベンダは，AIシステム開発の特性やユーザに求められる役割などについて，ユーザに丁寧に説明する必要がある。追加学習で必ずしも学習済みモデルの精度が高くなるとも限らず，追加学習用データの内容如何によっては，業務で使えないモデルになってしまうこともあり得る。もし，AIシステムの開発を請負契約で進めると，ベンダの債務不履行責任になってしまうおそれがあるので注意が必要である。学習済みモデルの品質や性能を保証することは難しいことから，ベンダは，成果物の完成責任を負わないように契約上で明記しておくほうがよい。なお，経済産業省から公表されている「AI・データの利用に関する契約ガイドライン（1.1版）」には，ベンダの責務として，次のような条項例が挙げられているので参考にしてほしい。

第○○条（ベンダの義務）

1　ベンダは，情報処理技術に関する業界の一般的な専門知識に基づき，善良な管理者の注意をもって，本件業務を行う義務を負う。

2　ベンダは，本件成果物について完成義務を負わず，本件成果物等がユーザの業務課題の解決，業績の改善・向上その他の成果や特定の結果等を保証しない。

　また，前述の「AI原則実践のためのガバナンス・ガイドライン」では，AIシステムの開発事業者，運用事業者などが実施すべき行動目標が整理されている（図表7-8）。AIシステムの監査ポイントとして有用である。AIに関する技術領域は，日々，進展している。公表されている情報も頻繁にアップデートされるので，最新情報をキャッチアップしてほしい。

図表7-8　AIシステム開発者・運用者のアジャイル・ガバナンス

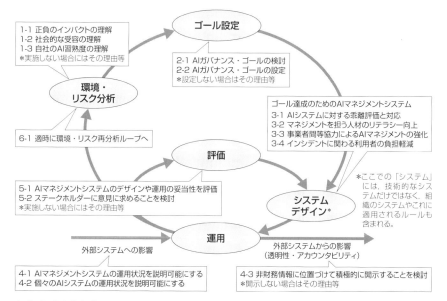

出所：経済産業省「AI原則実践のためのガバナンス・ガイドライン（ver.1.0）」（2021年）に基づき筆者作成。

③AIシステムの成果物の著作権

　AIシステムの成果物となる学習済みデータや学習済みモデル，その派生モデルなどの著作権について，契約でどのように取り決めているかも確かめる必要がある。前述の「AI・データの利用に関する契約ガイドライン（1.1版）」では，次のような条項例が挙げられているので，契約書を確認するとよい。

[ユーザに著作権を帰属させる場合]
　第○○条（本件成果物等の著作権）
　1　本件成果物および本開発遂行に伴い生じた知的財産（以下「本件成果物等」という。）に関する著作権（著作権法第27条および第28条の権利を含む。）は，ユーザのベンダに対する委託料の支払いが完了した時点で，ベンダまたは第三者が従前から保有していた著作物の著作権を除き，ユーザに帰属する。なお，かかるベンダからユーザへの著作権移転の対価は，委託料に含まれるものとする。
　2　（略）

[ベンダに著作権を帰属させる場合]
　第○○条
　1　本件成果物および本開発遂行に伴い生じた知的財産（以下「本件成果物等」という。）に関する著作権（著作権法第27条および第28条の権利を含む。）は，ユーザまたは第三者が従前から保有していた著作物の著作権を除き，ベンダに帰属する。
　2　（略）

[ユーザとベンダが著作権を共有する場合]
　第○○条
　1　本件成果物および本開発遂行に伴い生じた知的財産（以下「本件成果物等」という。）に関する著作権（著作権法第27条および第28条の権利を含む。）は，ユーザのベンダに対する委託料の支払いが完了した時点で，ユーザ，ベンダまたは第三者が従前から保有していた著作物の著作権を除き，ベンダおよびユーザの共有（持分均等）とする。なお，ベンダからユーザへの著作権移転の対価は，委託料に含まれるものとする。
　2　前項の場合，ユーザおよびベンダは，共有にかかる著作権につき，本契

約に別に定めるところに従い，前項の共有にかかる著作権の行使についての法律上必要とされる共有者の合意を，あらかじめこの契約により与えられるものとし，相手方の同意なしに，かつ，相手方に対する対価の支払いの義務を負うことなく，自ら利用することができるものとする。

3　ユーザ及びベンダは，相手方の同意を得なければ，第1項所定の著作権の共有持分を処分することはできないものとする。

4　（略）

コラム18
ロボット工学の三原則

　作家アイザック・アシモフのSF小説の中で，ロボットが従うべきこととして「人間への安全性，命令への服従，自己防衛」を目的とする3つの原則である。なかなか面白い小説なのでぜひ，一読をお勧めする。

第一条　ロボットは人間に危害を加えてはならない。また，その危険を看過することによって，人間に危害を及ぼしてはならない。

第二条　ロボットは人間にあたえられた命令に服従しなければならない。ただし，あたえられた命令が，第一条に反する場合は，この限りでない。

第三条　ロボットは，前掲第一条および第二条に反するおそれのないかぎり，自己をまもらなければならない。

—— 「ロボット工学ハンドブック」第56版，西暦2058年

出所：アイザック・アシモフ著，小尾芙佐訳『われはロボット』（早川書房，2004年）。

「RPAロボット」の運用・保守は誰が行うのか?

「働き方改革」が重要な経営課題のひとつになる中,注目されているのが,「**RPA**」(ロボティック・プロセス・オートメーション:Robotic Process Automation)といわれる技術である。RPAの明確な定義がないので,本書では,「システムやアプリケーションをまたがって人手でPC操作する定型作業を"ソフトウェアロボット"に記録し,実行させる技術」と定義しておく。RPAを導入することで,人手による単純な反復作業の削減,作業の正確性と精度の向上,多頻度化など,業務の効率化やコスト削減などが期待されている。RPAツールによるソフトウェアロボット(以下,「RPAロボット」という)には,例えば,図表7-9のように,複数のシステム,ソフトウェア,電子メールなどを組み合わせた業務処理の自動化がある。

RPAロボットの開発の大まかな流れは,次のようになる。RPAツールの使い方を習得すれば開発できるので,システム部門が関与しなくてもユーザ部門だけでRPAロボットを開発することもできる。

①一通りの画面操作をキャプチャして記録(録画)する。

②条件分岐や繰り返し,電子メール送信,エラー時の処理など,必要に応じて,アイコンやコマンドによる設定で処理を追加する。

③より複雑な処理が必要な場合には,プログラムの記述を追加する。

図表7-9　RPAロボット(例)

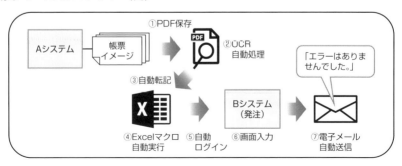

（1）事件の概要

　ここでは，ベンダが開発し，納入したRPAロボットの契約不適合に関わる事案を検討する（図表7-10）。

訴　え

ユーザ

　X社（ユーザ）は，自社の業務効率化を図るため，RPAツールを使ったシステム開発をX社（ベンダ）に委託し，ベンダは，ユーザの営業事務作業を自動処理するソフトウェアロボット（以下，「本件ロボット」という）を完成させ，ユーザから検収を受けた。本件ロボットが稼働してから半年後，システムエラーによる自動処理の停止が多発したことから，ユーザが本件ロボットの不具合を対処しようとしたが，本件ロボットの処理内容を把握しておらず，ユーザの業務に大きな支障が生じた。ユーザは，ベンダに対して，本件ロボットの改修を求めたが，ベンダがこれを拒んだことから，ユーザは契約不適合による債務不履行に基づく損害賠償等を求めた。

図表7-10　架空裁判事例2

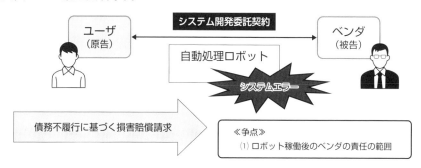

（2）当事者の主張

　架空の事案であるので，ユーザとベンダがどのような主張をする可能性があるかを検討する（図表7-11）。

図表7-11　ユーザとベンダの主張

ベンダには，想定しない
エラー発生も考慮した
ロボットを開発する
責任があります

システムの誤処理は，
開発時点の前提条件が
変わったことが原因であり，
ベンダに責任はありません

争点

ベンダにはどこまでの契約不適合責任があるか？

ユーザ（原告）

　ユーザは，ベンダがシステム開発の専門家であることから，次のように主張した。

「ベンダには，想定しないエラー発生も考慮した
ロボットを開発する責任がある。」

> 　[ベンダ] にはRPAツールによる数多くの開発実績とノウハウがあるからこそ，[ユーザ] は本件ロボットの開発を [ベンダ] に委託している。また，[ベンダ] は，システム開発の専門家であって，さまざまなエラーを想定して開発する注意義務がある。本件ロボットは，稼働後半年しか経っておらず，請負契約である以上，契約不適合責任がある。

　RPAツールは万能ではない。従来のプログラム言語での開発と同じような細かな処理までを組み込むわけではないので，どこまでのエラーを想定し

ているかに注意する必要がある。

ベンダ （被告）

　ユーザの主張に対し，ベンダは次のように反論した。

**「本件ロボットは正しく稼働している。システムの誤処理は，開発時
点の前提条件が変わったことが原因であり，ベンダに責任はない。」**

> 　本件ロボットの処理が誤ったのは，連携しているユーザ内部の他システムの仕
> 様が変更され，本件ロボットが読み込むデータ内容が変わったのが原因である。
> そもそも，ロボットで連携している他システムなどが変更になった場合は，ユー
> ザがロボットを保守する責任がある。

　図表7-9のAシステムやBシステムのように，RPAロボット内で連携して
いる他システムに改修などがあった場合，ベンダにはわからないことなので，
当然，対応できていない。RPAロボットの運用・保守態勢が問題になる。

（3）監査のポイント

①RPAロボットのリスク

　RPAロボットには，前掲の図表7-9のように，接続するシステムやOCR処
理ソフト，表計算ソフト，電子メールなどが組み込まれている。ユーザ部門
でも，ドラッグアンドドロップなどのアイコン操作で比較的簡単にRPAロ
ボットを開発することができる。一方で，接続しているシステムの仕様変更，
表計算ソフト内のマクロやセルの変更などに対して，適時・適切に対応でき
ないと，RPAロボットの誤処理や停止などのおそれがある。RPAロボット
内で接続するシステムにアクセスするために，過剰な権限をRPAロボット
に付与してしまう可能性もある。RPAの導入に当たっては，想定されるリ
スクに対して，どのようなコントロールが組み込まれているかを確かめるこ
とが重要になる（図表7-12）。

図表7-12 RPAロボットのリスク（例）

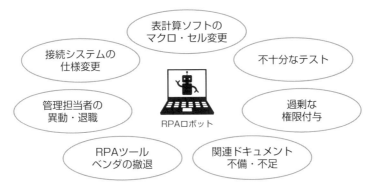

　また，RPAロボットの開発は，関連するシステムのWeb画面や表計算ソフトなどとの整合性を考慮しておくことが重要になる。画面応答時間とRPA処理時間の差が考慮されていない場合も同様である。表面的にはエラーにならないまま，誤った処理が続いているといった事態（野良ロボが走り回る）も想定される。さらに，何でもかんでも自動化してしまうと，属人的な手作業のブラックボックス化など，トラブル時に対処できないことにもなる。"みた目は自動化されている手作業"である。システム出力帳票を前提とした自動化も帳票のペーパーレス化を阻害することになるので留意する必要がある。

　さらに，業務処理の自動化は，一度，正しく処理できるように作成すれば，その後は，条件が変わらない限り，有効に機能し続ける。しかし，従来，手作業で目視確認できていたことが，自動化によって間違いに気づかないままになることもあり得る。例えば，伝票を手作業で転記していると誤記入が多いので，自動化することがある。これによって，誤記入のリスクはなくなるが，手作業時には金額に間違いがないかを目視チェックできていたことがチェックなしのまま処理されてしまうおそれがある。これは，自動化によって，誤記入というリスクを排除できる代わりに，金額間違いのチェックがなくなるという新たなリスク（副作用）が生じることを意味している。自動化によって新たなリスクが生じるおそれがある点に注意する必要がある。

図表7-13　稼動ロボット管理表（例）

項目		補足説明
ロボットID		ロボットID付与ルールに基づき，ロボットを特定するID
ロボット名		ロボット命名ルールに基づく名称
所管部門／責任者／担当者		ロボットのオーナーとなる部門
利用部門／責任者／担当者		ロボットの結果を利用する部門
運用部門／責任者／担当者		ロボットの稼働状況（実行，操作，エラー等）を監視し，エラー時に復旧対応する部門 ※ベンダに委託している場合，ベンダ名／窓口担当
保守部門／責任者／担当者		適用業務の変更に応じて，ロボットを改修する部門 ※ベンダに委託している場合，ベンダ名／窓口担当
稼働開始日／最新更改日／廃止日		更改履歴は関連ドキュメントに記載
適用業務	業務名	ロボットが関連する業務名
	重要度	業務／データの重要度
	業務内容	ロボットが関連する業務の概要
	関連法令・規則	ロボットが関連する法令・規則等
稼働条件	稼働サイクル	日次，週次，月次，四半期，半期，年次，営業日／非営業日　等
	稼働時間	開始予定時限，終了予定時限
	先行条件	（例）入力データを作成する先行ジョブの正常終了　等
	後続条件	（例）月末処理時の「月末残高集計ロボット」の稼働　等
	終了条件	正常終了，終了予定時限，強制終了　等
	エラー時の対応	ロボット停止時の対応，対応手順書の所在　等
	制約条件	処理上限可能件数　等
	稼働環境	稼働サーバ・PC管理No.，設置場所，利用ソフトウェアのバージョン　等
	その他条件	その他，ロボットの稼働に関わる条件
処理内容	処理フロー／入出力データ	処理フロー，入出力データを記載したドキュメントの所在
	接続システム・アプリケーション（外部）	ロボット稼働前後で外部接続するシステム・アプリケーション　等 （例）入力データのPDFファイルを作成するAシステム
	接続システム・アプリケーション（内部）	ロボット内部で接続しているシステム・アプリケーション　等 （例）Bシステム，表計算ソフト，電子メール
関連ドキュメント		業務マニュアル・業務フロー等ドキュメントの保管先（ファイルサーバーのリンク等）
関連部門	開発部門／責任者／担当者	ベンダが開発した場合，ベンダ名／担当営業
	その他関連部門	その他関連する部門

②RPAロボットの運用・保守態勢

　RPAロボットは，RPAツールのバージョンアップ，関連システムの改修などに対応していく必要がある。RPAツールの導入をサポートするベンダは，導入後の運用・保守をユーザが確実に行えるようにする必要がある。ベンダの開発したRPAロボットをユーザが引き継ぎ，自ら改修できるようになっているか，RPA停止時の対応体制や手順を整備して自動処理の実行ログや結果などの状況をモニタリングする態勢が組織として適切かどうかなどを確かめることが重要になる。例えば，図表7-13の「稼動ロボット管理表」のような一覧表でRPAロボットが管理されているかどうかを確認するとよい。

コラム19
ノーコード／ローコード開発

　「ノーコード／ローコード開発」（No-code/Low-code Development）とは，プログラミング言語を使ったコーディングをまったくしない，あるいは一部のカスタマイズなどをコーディングで補うことで，高度なコーディングの知識や経験がなくてもシステムを開発できる手法であり，プラットフォーム（開発ツール）のことである。RPAロボットの開発も，ノーコード／ローコード開発のひとつといえる。ノーコード／ローコード開発によってユーザでも短期間で開発できるので，ビジネスやサービスの変化にすばやく対応できるメリットがある。一方で，プラットフォーム（開発ツール）が対応できる範囲には限界があり，開発する範囲が限定したり，細かな処理をするには，結局，コーディングが必要になったりする。また，ノーコード／ローコード開発したシステムがブラックボックスになったり，乱立したり，セキュリティ対策がプラットフォーム（開発ツール）に依存してしまったりするおそれもある。

3

新たなICTとシステム監査

（1）SoR，SoE，SoIの連関

　ICTの進展は，社会のデジタル化を加速させていく。経済産業省が取りまとめた「DXレポート〜ITシステム『2025年の崖』の克服とDXの本格的な展開〜」（2018年9月）の中でも，「**デジタルトランスフォーメーション**」（DX：Digital transformation）を進めていくことが求められている。

　システムは，次のように大きく3つに分けることができる（図表7-14）。

- SoR（Systems of Record）
  記録する（record）ことを主目的とするシステム
  会計システムなど，バックエンドの基幹系システム
- SoE（Systems of Engagement/Encouragement）
  顧客と接点，関与する（engagement）システム
  ECサイト，チャットボットなど，フロントエンドのシステム
- SoI（Systems of Insight/Intelligence）
  蓄積したデータの加工・分析し，洞察する（insight）システム
  情報系システム

　したがって，基幹系システムのデータを蓄積・分析する情報系システム，その結果をフィードバックしてビジネスやサービスで活用するフロントシステムの全体を俯瞰して，有効性や効率性などを確かめることが重要になる。また，"業務を支援するシステム"から"システムそのものが業務"になり，システムと業務が一体となっていくことから，"システム監査"，"業務監査"と分けて実施するのではなく，"システムと業務が融合した監査"が必要になる。

図表7-14　SoR，SoE，SoIの連関

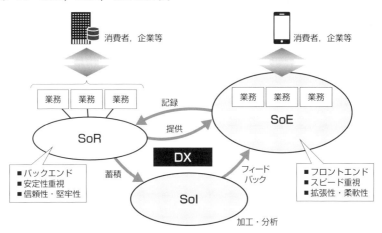

（2）デジタルツインによるCAACモデル

　DXの具体例としては，例えば，製造工場内の生産ラインや制御装置，製造部品の状態などをセンサで把握して仮想モデル化することによって，異常の予兆を検知したり，製造条件を変えたシミュレーション・予測の結果をフィードバックして最適な制御を行ったりする事例が挙げられる。物理空間上の物理システムを仮想空間上に仮想システムとして再現する「**デジタルツイン**」（Digital Twin）である。物理空間上にあるモノやヒト，環境などの状態をセンサやカメラなどでリアルタイムに収集して（Collect），意味あるものとして関連付け（コンテキスト化）して仮想空間上に蓄積し（Accumulate），仮想モデル化して分析・シミュレーション/予測して（Analyze），その結果を物理空間にフィードバックして制御する（Control）サイクルである。ここでは，このサイクルをそれぞれの英字頭文字をとって「**CAACモデル**」と呼ぶことにする（図表7-15）。

　デジタルツインは，CAACモデルとして相互に連携するひとつの "**システム系**" を構成する。複数のベンダが開発，運用に関わり，さまざまな利用者がサービスを利用することから，利害関係者が多くなっていく（図表7-16）。

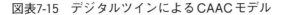

図表7-15　デジタルツインによるCAACモデル

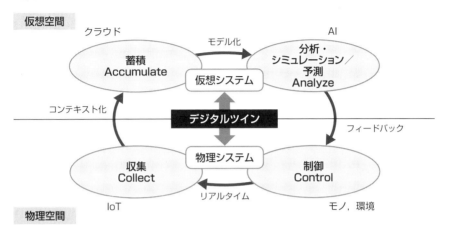

図表7-16　デジタルツインのさまざまな利害関係者

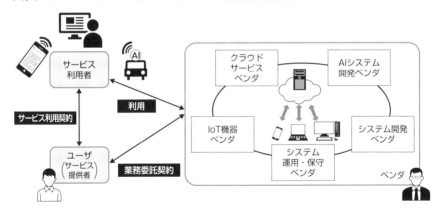

　これからのシステム監査は，基幹業務システム，IoTシステム，クラウドシステム，AIシステムなどをそれぞれ単独で監査するだけではなく，物理システムと仮想システムが融合した"システム系"の視点から，例えば，次のような観点を踏まえて，監査することが求められる。

・物理システムと仮想システムの整合性

・物理システムと仮想システムのセキュリティレベルの整合性

・仮想システムからのフィードバックの妥当性

・仮想システムのエラー時における物理システムの継続性

監査人がみるポイント

● 機械学習システムに関わる問題を考慮する。

● AIシステムにおけるユーザとベンダの役割を押さえる。

● AIシステムの成果物の著作権に注意する。

● RPAロボットの運用・保守態勢をチェックする。

● CAACモデルの"システム系"全体を監査する。

参考文献

- アイザック・アシモフ著，小尾芙佐訳『われはロボット』早川書房，2004年。
- クリストファー・アレグザンダー他著，宮本雅明訳『オレゴン大学の実験』鹿島出版会，1997年。
- 伊藤滋夫『事実認定の基礎（改訂版）』有斐閣，2020年。
- 伊藤滋夫『要件事実の基礎（新版）』有斐閣，2015年。
- 伊藤眞『民事訴訟法（第6版）』有斐閣，2018年。
- 金融情報システムセンター「金融機関等のシステム監査基準」2019年。
- 金融情報システムセンター「金融機関等コンピュータシステムの安全対策基準（第9版改訂）」2019年。
- 金融庁「金融機関のシステム障害に関する分析レポート（令和2年6月）」2020年。
- 金融庁「金融機関のシステム障害に関する分析レポート（令和3年6月）」2021年。
- 経済産業省「情報システムの信頼性向上に関するガイドライン（第2版）」2009年。
- 経済産業省「クラウドサービス利用のための情報セキュリティマネジメントガイドライン（改訂版）」2014年。
- 経済産業省「サイバーセキュリティ経営ガイドライン」(11月16日)，2017年。
- 経済産業省「システム管理基準」2018年。
- 経済産業省「電子商取引及び情報財取引等に関する準則」2018年。
- 経済産業省「AI・データの利用に関する契約ガイドライン（1.1版）」2019年。
- 経済産業省「AI原則実践のためのガバナンス・ガイドライン（ver.1.0）」2021年。
- 五井孝『リスク視点からの「実効性のあるJ内部監査の進め方（第2版）』同文舘出版，2020年。
- 国立研究開発法人情報通信研究機構サイバーセキュリティ研究所サイバーセキュリティ研究室「NICTER観測レポート2020」2021年。
- コンピュータ訴訟研究会『コンピュータ紛争事件のケース研究』尚文社，1999年。
- コンピュータ訴訟研究会『コンピュータ紛争II』尚文社，2000年。
- 潮見佳男『債権各論I 契約法・事務管理・不当利得（第3版）』新世社，2017年。

・潮見佳男『債権各論Ⅱ 不法行為法（第3版）』新世社，2017年。

・情報サービス産業協会「JISA ソフトウェア開発委託基本モデル契約書2020」2019年。

・独立行政法人情報処理推進機構「共通フレーム2013」2013年。

・独立行政法人情報処理推進機構「システム再構築を成功に導くユーザガイド（第2版）」2018年。

・独立行政法人情報処理推進機構「非機能要求グレード2018」2018年。

・独立行政法人情報処理推進機構「ユーザのための要件定義ガイド（第2版）」2019年。

・司法研修所編『民事訴訟における事実認定―契約分野別研究（製作及び開発に関する契約）―』法曹界，2014年。

・司法研修所編『新問題研究 要件事実―民法（債権関係）改正に伴う追補―』法曹界，2020年。

・島田裕次編著，荒木理映，池田晋，五井孝，中野雅史，西島新，宮下正博『内部監査の実践ガイド―16講でわかる基本と業務別監査―』日科技連出版社，2018年。

・島田裕次『よくわかるシステム監査の実務解説（第3版）』同文舘出版，2019年。

・総務省「平成28年通信利用動向調査の結果（平成29年6月8日）」2017年。

・総務省「令和2年通信利用動向調査の結果（令和3年6月18日）」2021年。

・滝津孝臣「システム開発契約の裁判実務からみた問題点」『判例タイムズ』1317号，5-27頁，2010年。

・田中俊次他「ソフトウェア開発関係訴訟の審理」『判例タイムズ』1340号，4-15頁，2011年。

・ティモシー・W・クルーシアス，キャロリン・E・チャンネル『大学で学ぶ議論の技法』慶應義塾大学出版会，2004年。

・鳥羽至英『監査証拠論』国元書房，1983年。

・鳥羽至英，秋月信二『監査の理論的考え方』森山書店，2001年。

・内藤文雄『監査判断形成論』中央経済社，1995年。

・中野貞一郎，松浦馨，鈴木正裕編『新民事訴訟法講義（第3版）』有斐閣，2018年。

・中田裕康『契約法』有斐閣，2017年。

・日本情報システム・ユーザー協会「ソフトウェアメトリックス調査2016」2016年。

・畠山稔他「ソフトウェア開発関係訴訟の手引」『判例タイムズ』1349号，4-27頁，2011年。

・福岡真之介編著『AIの法律』商事法務，2020年。

索　引

〈著者紹介〉

五井　孝（ごい・たかし）
1984年　東京理科大学理学部卒業
2001年　大手システム会社を経て，大和総研入社

情報セキュリティ統括部長，コンプライアンス部長，リスクマネジメント部長，内部監査部長を経て，現在，大和総研 システムコンサルティング第二本部営業管理部主事

中央大学大学院理工学研究科　客員教授（2016年〜），日本内部監査協会研修講師（2010年〜），情報処理技術者試験委員［経済産業省］（1998年〜）。
システム監査技術者（経済産業省），公認情報システム監査人（CISA）

〈著書〉
『リスク視点からの「実効性のある」内部監査の進め方（第2版）』（同文舘出版，2020年）
『内部監査の実践ガイド』（共著，日科技連出版社，2018年）
『バリューアップ 内部監査Q&A』（日本内部監査協会編，共著，同文舘出版，2018年）
『個人情報保護士認定試験　一発合格テキスト&問題集』（共著，オーム社，2017年）
『COBIT実践ガイドブック』（日本ITガバナンス協会監修，共著，日経BP社，2008年）
『内部監査人の実務ハンドブック』（日本内部監査協会編，共著，日科技連出版社，2007年）
『プライバシーマークのためのJIS Q 15001の読み方』（共著，日科技連出版社，2006年）
『ISO 27001 規格要求事項の解説とその実務』（共著，日科技連出版社，2006年）
『情報セキュリティ・個人情報保護のための内部監査の実務』（共著，日科技連出版社，2005年）
『情報セキュリティ監査制度の解説と実務対応』（共著，日科技連出版社，2003年）
『ISMS認証基準と適合性評価の解説』（共著，日科技連出版社，2002年）

2022年4月30日　　初版発行　　　　　略称：裁判事例：システム監査

裁判事例からみる システム監査の実務ポイント

著　者　Ⓒ五　井　　孝
発行者　　中　島　治　久

発行所　**同 文 舘 出 版 株 式 会 社**
東京都千代田区神田神保町1-41　　　〒101-0051
営業（03）3294-1801　　　　　編集（03）3294-1803
振替 00100-8-42935　　　　http://www.dobunkan.co.jp

Printed in Japan 2022　　　　　　　　　　製版：一企画
　　　　　　　　　　　　　　　　印刷・製本：三美印刷
　　　　　　　　　　　　　　　　　　　　装丁：オセロ

ISBN978-4-495-21034-2

JCOPY 〈出版者著作権管理機構 委託出版物〉
本書の無断複製は著作権法上での例外を除き禁じられています。複製される場合は，そのつど事前に，出版者著作権管理機構（電話 03-5244-5088，FAX 03-5244-5089，e-mail: info@jcopy.or.jp）の許諾を得てください。

**リスク視点からの「実効性のある」
内部監査の進め方（第2版）**

五井　孝　著

A5判　224頁
税込2,640円（本体2,400円）

同文舘出版株式会社